人民调解文书格式及统计报表规范化制作

实用指南

编委会成员

丁淑清　石研

丁陆玄　席小华　徐宪江

靳跃军

中国法制出版社

CHINA LEGAL PUBLISHING HOUSE

图书在版编目（CIP）数据

人民调解文书格式及统计报表规范化制作实用指南／
《人民调解文书格式及统计报表规范化制作实用指南》编
写组编. -- 北京：中国法制出版社，2011.11

　　ISBN 978-7-5093-3305-1

　　Ⅰ. ①人… Ⅱ. ①人… Ⅲ. ①民事纠纷—调解（诉讼
法）－法律文书－中国 ②民事纠纷－调解（诉讼法）－统
计表－中国 Ⅳ. ①D925.114

中国版本图书馆 CIP 数据核字（2011）第 240905 号

策划编辑：马　芳　　　　　　　　　　　封面设计：周黎明

人民调解文书格式及统计报表规范化制作实用指南
RENMIN TIAOJIE WENSHUGESHI JI TONGJIBAOBIAO GUIFANHUA ZHIZUO SHIYONG ZHINAN
经销/新华书店
印刷/北京佳艺丰印刷有限公司
开本/880×1230 毫米大 32　　　　　印张 6.5　　字数/241 千字
版次/2012 年 8 月第 1 版　　　　　　2016 年 9 月第 7 次印刷

中国法制出版社出版
书号 ISBN 978-7-5093-3305-1　　　　　　　定价：24.00 元

编辑部电话：010－62988061　　　　　市场营销部电话：010－62957681

前　言

为贯彻实施《中华人民共和国人民调解法》，进一步提升人民调解工作规范化、制度化水平，中华人民共和国司法部印发了《关于印发人民调解文书格式和统计报表的通知》。为配合该人民调解文书格式和统计表的贯彻执行，我们特编写了《人民调解文书格式及统计报表规范化制作实用指南》一书。

本书在体例的编排上，先是逐一对每一种文书格式和表格，以案例的形式加以分析和填写举例，并配以该文书项下的法条以及法律知识解答，内容全面、形式新颖，语言通俗，易于掌握。在介绍完单一的文书和表格后，为了更好地帮助您进行调解卷宗的制作与整理工作，又以纠纷类型为依托，制作了几套完整的卷宗。这几套卷宗涉及了不同纠纷类型、不同受理方式的调解案例，有侵权赔偿纠纷、劳动纠纷、道路交通事故纠纷、山林土地纠纷、医疗纠纷等，其中有的纠纷是当事人书面申请调解的，有的是当事人口头申请调解的，还有的是人民调解委员会主动调解的，有的是当事人申请人民法院进行司法确认的等等。此书编写以期最大可能，囊括调解工作中遇到的各种不同纠纷类型、不同申请方式、不同调解结果的文书制作填写范例。此外，本书列举的调解案例所涉及的法条涵盖当前我国人民调解类法律法规，能够丰富人民调解员的法律知识。附录部分还收录了人民调解相关法律及规范性文件。可以说，内容翔实、指导性强。

本书由具有丰富的人民调解指导管理和实践经验的人员参与编写，他（她）们的热情参与、辛勤编纂使得此书更具有权威性和实用性。

谨以此书献给辛勤工作在人民调解战线上的广大人民调解员，并为各级司法行政机关指导人民调解工作所参考。愿此书成为您做好人民调解工作的得力助手！

编　者

2011 年 11 月

目　　录

前言

一、人民调解文书格式案例详解

根据司法部于 2010 年 12 月 31 日印发的《关于印发人民调解文书格式和统计报表的通知》，一份完整的调解卷宗，包括调解卷宗封面、卷内目录、人民调解申请书或者人民调解受理登记表、人民调解调查记录、人民调解证据材料、人民调解记录、人民调解协议书或者人民调解口头协议登记表、人民调解回访记录、司法确认有关材料、卷宗情况说明、封底。

（一）调解卷宗封面

"调解卷宗"是人民调解委员会调解纠纷所涉及的所有文书立卷归档的总称。人民调解委员会调解纠纷，一般应当制作调解卷宗，一案一卷。对于纠纷调解过程简单或者达成口头调解协议的，也可多案一卷，定期集中组卷归档。制作人民调解卷宗，不仅有助于查阅纠纷案件，也有助于统计分析和研究制定正确的法律、法规和政策。

1. 调解卷宗封面格式参考

_____人民调解委员会		
调解卷宗		
卷　　　名：_____		
卷　　　号：_____		
人民调解员：_____	调解日期：_____	
立　卷　人：_____	立卷日期：_____	
保　管　期　限：_____		
备　　　注：_____		

2. 调解卷宗封面使用详解

（1）封面中"卷名"栏目填写纠纷当事人姓名＋纠纷类型，其中"纠纷类型"按照"人民调解员调解案件登记单"中的"纠纷类型"栏填写，纠纷类型有：①婚姻家庭纠纷②邻里纠纷③房屋宅基地纠纷④合同纠纷⑤损害赔偿纠纷⑥劳动纠纷⑦村务管理纠纷⑧山林土地纠纷⑨征地拆迁纠纷⑩环境污染纠纷⑪道路交通事故纠纷⑫物业纠纷⑬医疗纠纷⑭其他纠纷。

"卷名"一栏，调解员可参照上述纠纷的类型，结合具体的案件填写。如"XX与XX之间合同纠纷"、"XX与XX之间邻里纠纷"等。

（2）"卷号"按有关规定或者各人民调解委员会自定的办法填写。

（3）保管期限分为短期、长期和永久三种，短期卷保管期限为5年，长期卷保管期限为10年。人民调解委员会应根据纠纷类型、协议内容和当事人实际情况等综合确定卷宗保管期限。

本书第三部分"调解卷宗案例示范"针对每个案件卷宗的保管期限都做了说明。

人民调解实践中，一般履行期限较长的纠纷案件，卷宗保管期限也比较长。比如赡养纠纷、抚养纠纷、离婚夫妇关于子女探视权的纠纷等，这样的纠纷，履行起来需要较长的时间，相应地其卷宗保管的期限也要长一些。

而能够即时履行，或者履行期限较短、后续发生纠纷可能性比较小的案件，保管期限就相对短。比如合同纠纷中，违约方需要交付违约金的，只需交付现金或支票等即可，履行较为方便、迅速，并且，交完钱基本上纠纷的解决就划上了句号。那么，这样的案件，其卷宗的保管期限就可以短一些。

此外，又如重大复杂的民间纠纷，比如医患纠纷、知识产权纠纷等比较复杂或者是专业性比较强的纠纷，保管期限也会相对长一些。

（4）"备注"项按照实际情况的需要填写，没有什么可备注的，可以不填。

3. 调解卷宗封面范例

此部分内容参见后面整套卷宗制作范例，即"调解卷宗案例示范"部分。

（二）卷内目录

卷内目录是人民调解委员会对一起纠纷立卷归档时卷内所涉及全部文件的目录，供查阅卷宗时检索使用。

1. 卷内目录格式参考

卷内目录

序号	文书名称	页号	备注
1	人民调解申请书 或人民调解受理登记表		
2	人民调解调查记录		
3	人民调解证据材料		
4	人民调解记录		
5	人民调解协议书 或人民调解口头协议登记表		
6	人民调解回访记录		
7	司法确认有关材料		
8	卷宗情况说明		
9	封底		

2. 卷内目录使用详解

（1）第1项"人民调解申请书或人民调解受理登记表"中间有一个"或"字，表明这是一个可选项。根据司法部《关于贯彻实施〈中华人民共和国人民调解法〉的意见》的规定，当事人书面申请调解的，应当填写《人民调解申请书》；口头申请的，人民调解委员会应当填写《人民调解受理登记表》。此外，对于人民调解委员会主动发现的、群众反映的或者有关部门移送的，而由人民调解委员会主动进行调解的民间纠纷，应由人民调解委员会填写《人民调解受理登记表》。

（2）第3项中的"人民调解证据材料"，指的是在相应的纠纷案件中的证据，如物证（如被弄坏的东西）、书证（如合同书）、证人证言等。由于证据材料部分不属于文书部分，因此我们在后面的各文书案例详解部分不再赘述。

（3）第5项中，"人民调解协议书或人民调解口头协议登记表"中间也存在一个"或"字，原因是，有的纠纷，经调解后达成的是书面协议，而有的仅仅达成的是口头协议。达成书面协议的，由人民调解委员会制作人民调解协议书；达成口头协议的，由人民调解委员会制作口头协议登记表。因此，对于一个调解成功的纠纷，要么存在人民调解协议书，要么存在人民调解口头协议登记表。

（4）第7项中，"司法确认有关材料"是存在司法确认的情况下才有的。我国《人民调解法》第三十三条第一款规定："经人民调解委员会调解达成调解协议后，双方当事人认为有必要的，可以自调解协议生效之日起三十日内共同向人民法院申请司法确认，人民法院应当及时对调解协议进行审查，依法确认调解协议的效力。"因此，司法确认程序不是每一个纠纷案件所必备的，只有在当事人申请作出司法确认的情形下才启动该程序。那么，也只有在该程序启动的情况下，才可能存在相应的"司法确认有关材料"。为正确适用《最高人民法院关于人民调解协议司法确认程序的若干规定》，统一文书样式，最高人民法院还制作了司法确认文书样式四篇，包括司法确认申请书、受理通知书、确认决定书和不予确认决定书。由于司法确认有关材料部分和人民调解证据材料一样，也不属于文书组成部分，因此我们在后面的各文书案例详解部分也不再赘述，只列举了司法确认申请书、受理通知书、确认决定书和不予确认决定书格式供参考。这四个文书中，需要当事人填写或者人民调解委员会协助当事人填写的只是司法确认申请书，而司法确认受理通知书以及司法确认决定书或不予确认决定书均由人民法院制作并送给当事人。本书第三部分"调解卷宗案例示范"部分的"人身侵权赔偿纠纷案例立卷归档示范"案卷中，即介绍了司法确认申请书的参考格式及制作的范例。具体见该卷宗"司法确认有关材料"部分。

（5）封底一般由立卷人和审核人签字，并附上立卷日期。由于封底内容较为简略，因此我们在后面的各文书案例详解部分也不再赘述。

3. 卷内目录范例

此部分内容参见后面整套卷宗制作范例，即"调解卷宗案例示范"部分。

（三）人民调解申请书

人民调解申请书是当事人向人民调解委员会提交的要求调解其纠纷的书面申请。人民调解申请书在当事人自己向人民调解委员会申请解决纠纷时使用。

调解申请书既可以由申请人本人填写，也可由他人代写，由申请人签名后递交人民调解委员会。当事人在递交人民调解申请书后，如符合人民调解的受案范围，就会引发人民调解程序。当然，纠纷通过人民调解后，有的会获得成功，如达成口头或书面的调解协议，有的也会失败。如调解失败，当事人就要寻找其他的解决纠纷的途径，比如向法院起诉。

下面，我们通过几个案例对人民调解申请书的使用以及其他相关知识予以说明。

调解案件一：因交往琐事引发的邻里纠纷

老赵家和老李家同住一个村，并且还是邻居。老赵为人平时爱占点小便宜，因此老李夫妇一般不怎么跟老赵夫妇来往。但是，两家的小孩却相处得很好。一天，老赵的儿子为保护老李家的女儿而被人打了，老赵让老李去给孩子检查身体，遭老李拒绝，老赵因此怀恨在心。一日，老赵看见老李家没人，故意将老李家的猪圈门打开，放走了老母猪。最后老李在山谷找到了已经失足摔死的老母猪。老李得知是老赵干的此事后，便去找老赵理论，要求赔偿。但老赵坚决不肯赔老李家的猪钱。后来，在村委会领导的劝说下，老李愿意到人民调解委员会接受人民调解。为了正规起见，老李向调解委员会提交了书面的人民调解申请书。

调解委员会受理此案后，指派调解员刘某负责调解。刘某针对此案，在查明基本事实的基础上，依照相关法律对双方当事人进行了耐心的调解：母猪是李某的合法财产，是其赖以维持生计的生产工具。赵某将母猪放走，虽然没有将母猪置于死地的想法，但其应当预见到母猪有可能会丢失，母猪作为李某的财产，无论是丢失还是死亡都会给其带来财产上的损失。我国《民法通则》第一百一十七条第二款规定："损坏国家的、集体的财产或者他人财产的，应当恢复原状或者折价赔偿。"由此，赵某应当赔偿母猪的损失。如果因为这点小事闹到法院，赵某也是理亏，到时不但要赔偿李某母猪的损失，还要承担诉讼费用。最后，双方当事人在调解员刘某的劝说下达成口头调解协议，由老赵赔偿老李母猪损失共计人民币 4000 元。后经人民调解委员会回访得知调解协议履行良好。

调解案件二：因诽谤他人而引发的侵权纠纷

秦某认识了护士小周，两人互有好感并确定了恋爱关系。秦某在与朋友高某一起聊天时将自己与小周的关系告诉了高某，高某当时也很高兴，称自己也认识小周，说小周人很不错。几天后秦某又去找小周，小周却对自己冷言冷语，并说两人的关系到此为止，秦某觉得莫名其妙。后几经打听得知是高某对小周说秦某是花心大萝卜。秦某找高某理论，高某却说自己当时只是跟小周开玩笑时讲的玩笑话。秦某不信，便与高某争执起来，还动了手。后经多人劝架而没有造成人身伤害。但秦某坚持让高某公开给自己道歉，并赔偿自己的精神损失。后在社区领导的劝说下，二人愿意接受人民调解。秦某向当地的调解委员会递交了调解申请书。

调解委员会受理此案后，调解员陈晓冬针对此案，在尊重法律的基础上对双方当事人作出了耐心的讲解：玩笑是不能随意开的，高某应为自己的"玩笑"承担相应的民事责任。我国《民法通则》第一百二十条第一款明确规定："公民的姓名权、肖像权、名誉权、荣誉权受到侵害的，有权要求停止侵害，恢复名誉，消除影响，赔礼道歉，并可以要求赔偿损失。"高某在小周面前捏造事实，对秦某进行中伤，虽然高某认为自己只是开玩笑，但却使小周对秦某的好感丧失，使二人关系破裂，给秦某造成了损失，侵犯了秦某的名誉权，所以理应承担相应的民事责任。最后，双方当事人达成口头调解协议，高某负责向小周澄清事实，说明自己是开玩笑的，实际上秦某并不像他说的那样是"花心大萝卜"；同时向秦某赔礼道歉，并赔偿人民币2000元。后经人民调解委员会回访得知调解协议履行良好。

调解案件三：因房屋共有人擅自改建而引发的房屋纠纷

张小美、孙乙、王韵儿共同购买了一套两室一厅的住房。按照3：3：4的份额出资，房产证上记载了三个人的名字。后来孙乙和王韵儿搬出，房子留给张小美一个人居住。张小美找人对房子进行了两次修缮，一次将整个房子铺上了地板砖，另一次将房间的格局做了重大改变，将原来的居住房改成了商住两用，将其中一间租给陈某当成旅行社的办公地点。后三人就张小美擅自修缮的行为发生争议。但是，由于张小美、孙乙、王韵儿三人在大学的时候是很要好的朋友，为了顾及朋友之间的感情，三人都不愿意对簿公堂，但是又达不成一致的和解意见。于是，在朋友的建议下，三人愿意接受人民调解，并由孙乙，王韵儿二人向调解委员会递交了调解申请书。

调解委员会受理此案后，调解员周丽原就《物权法》的相关规定向三人做出了调解：张小美、孙乙、王韵儿以3：3：4的比例购买了一处房产，并且房产证上登记的是三个人的名字，三个人没有就个人享有的份额另外做出约定，因此三人按照出资份额对该房子享有所有权，三个人是这所房子的按份共有人。根据我国《物权法》第九十七条的规定，共有人对共有的不动产或者动产作重大修缮的，应当经占份额三分之二以上的按份共有人同意。本纠纷中，张小美有两个修缮行为：第一，将房屋铺上了地板砖；第二，将房屋的格局做了重大改变。司法实践中普遍认为，张小美的第一种行为是一种改良行为，需要经过持有一半以上份额的人同意。张小美的第二种行为是重大修缮行为，需要持有三分之二以上份额按份共有人同意，张小美没有经过其他共有人的同意，擅自修缮，所以张小美应该承担由此给其他共有人造成的损失。

经过周某对相关法律知识的介绍，张小美意识到原来自己之前的行为侵犯了两个好朋友的共有权，是违法的，对此表示很后悔。最后在调解员的主持下，纠纷双方达成书面调解协议，鉴于张小美已经对房屋作出改动，且孙乙与王韵儿平时也不在此居住，如果恢复原样浪费人力物力；但张小美将房屋改为商住两用并出租，所得租金应按各自的份额分给孙乙和王韵儿，这样既不伤和气，大家又都不吃亏。后经人民调解委员会回访得知，此调解协议履行良好。

调解案件四：因产品质量而引发的合同纠纷

齐先生于 2011 年 5 月 16 日在某电器商场购买了一个燃气热水器，想等新居装修完毕后安装。5 月 19 日，热水器送到，齐先生想反正现在也不装，于是没有打开检查调试就签收了。6 月 5 日，齐先生新居装修完毕装上热水器，可是使用时却发现不能打火。齐先生找到商场要求退换，商场声称购买已超过 15 天，不予退换。由此，双方发生纠纷。由于齐先生平时工作比较忙，没有时间和精力去打官司，想到去消协投诉可能周期比较长，于是，就想到了人民调解，并向调解委员会递交了调解申请书。

调解委员会受理此案后，调解员沈荣扬针对此案，在尊重法律的基础上对双方当事人作出了耐心的调解：齐先生有权要求退换。根据我国相关法律的规定，销售者在出售商品时，应当开箱检验，正确调试，介绍使用及维修事项等。也就是说，销售者负有验货义务，应该对售出的商品进行开箱检验，调试商品功能是否完好，配件是否齐全等。在本案纠纷中，商场没有履行验货义务，应视为有过失，应该为此承担责任。最后，由于商场坚决不承认自己有过失，而未能与齐先生达成一致意见，调解失败。齐先生无耐投诉到消费者协会，此事最终由消费者协会出面解决，商场给齐先生换了货。

调解案件五：因提前履行而引发的合同纠纷

刘某经营的利民超市（个体）与某饮料厂签订了一份饮料购销合同，合同中约定，超市向某饮料厂订购 1200 箱饮料，每箱 25 元，货款总额 30000 元。合同中写明饮料厂从 2011 年 1 月份开始至 12 月份结束，每个月月初供应 100 箱饮料，运费由刘某负担。刘某先付定金 3000 元，其余货款于交货时按比例结清。2011 年 5 月中旬，饮料厂来电称他们厂生产的饮料过多，现在仓库已经是货满为患，希望可以把剩余的800箱饮料一次性送到超市。刘某提出，他经营的是小超市，一来是没有地方可以放那么多饮料，二来是如果都送来了，他们短期内卖不掉，如果顾客见到饮料的生产日期发现快到保质期了，就会不买饮料，所以不同意饮料厂的要求。但饮料厂没有理会，第三天自行将800箱运至超市。刘某只同意留下100箱，其余的要饮料厂拉走，在回去的路上拉饮料的车与一面包车相撞，直接损失500箱饮料。饮料厂真是提前交货不成，还赔了钱。为此，两家就合同履行问题，产生了纠纷。饮料厂的法定代表人陈某向人民调解委员会作出申请，请求对两家的合同履行纠纷给予调解。

调解委员会受理此案后，调解员对此案的事实走访了双方当事人及相关知情人，得知了事情的来龙去脉，在此基础上，根据相关法律对双方当事人作出了耐心的讲解：合同自签订时起生效，自生效后，合同当事人双方都应当按照合同约定，全面、适当履行合同。有约定期限的合同，应当在合同约定的期限内履行。我国法律对提前履行义务一般是不赞同的，因为提前履行不利于保护债权人的利益。我国《合同法》第七十一条规定："债权人可以拒绝债务人提前履行债务，但提前履行不损害债权人利益的除外。债务人提前履行债务给债权人增加的费用，由债务人负担。"由此可知，如果合同一方提前履行合同有损债权人的利益的，债权人有权予以拒绝。

本案中，超市与该饮料厂签订的饮料购销合同是双方在平等自愿、协商一致的基础上签定的，为有效合同。双方在合同中对履行期限进行了详细约定，但是饮料厂想提前履行合同，超市提出无法接受提前履行时，饮料厂直接将饮料送到超市，最后不得已只能自行拉回。至于在回去途中车祸损失与超市没有关系，饮料厂应当自行承担。如果饮料厂坚持要超市赔偿损失，不但于法无据，而且还会丧失了这个客户，即使到法院打官司，法院也不会支持饮料厂的诉讼请求，不如息事宁人、吸取教训，不要影响了日后长期合作。得知这种情况，饮料厂表示愿意自己承接这次的损失，双方并签订了书面调解协议。后来人民调解委员会对此案进行了回访，得知调解协议履行良好，双方目前仍然有紧密的合作关系。

1. 人民调解申请书格式参考

人民调解申请书

　　申请人姓名_____性别_____民族_____年龄_____

职业或职务_____联系方式_____

单位或住址_____

　　被申请人姓名_____性别_____民族_____年龄_____

职业或职务_____联系方式_____

单位或住址_____

　　纠纷简要情况：_____

_____

_____

_____

　　当事人申请事项：1、_____

　　　　　　　　　　2、_____

　　　　　　　　　　3、_____

　　人民调解委员会已将申请人民调解的相关规定告知我，现自愿申请人民调解委员会进行调解。

申请人（签名盖章或按指印）_____

_____年____月_____日

2. 结合案例详解人民调解申请书的使用

（1）首部

① 标题：写"人民调解申请书"。

② 申请人与被申请人的基本情况。

申请人或被申请人为自然人的，应当填写当事人的姓名、性别、民族、年龄、职业、单位或住址、联系方式等；申请人或被申请人为法人或社会组织的，应当填写法定代表人的姓名、性别、民族、年龄、职务、联系方式，以及法人或社会组织的地址。

　　比如前面调解案件一中，老李作为申请人，要写明自己的姓名、性别、民族、年龄、职业、单位或住址、联系方式。而对于被申请人老赵，也应当把其详细信息写清楚，尤其是联系方式等重要信息，一定要写清楚。否则，可能会给调解工作带来不便。

　　申请人或被申请人为法人或社会组织的，应当填写法定代表人的姓名、性别、民族、年龄、职务、联系方式，"单位或住址"栏填写法人或社会组织的地址。比如在调解案件五中，由于申请调解的当事人是法人，则申请人应写其法定代表人的相关信息。具体如下所示：

　　申请人姓名<u>陈某</u>　性别<u>男</u>　民族<u>汉</u>　年龄<u>36</u>岁
职业或职务<u>XX健康饮品有限公司总经理</u>　联系方式<u>139XXXXXXXX</u>
单位或住址<u>XX市XX区XX街X号楼X单元XXX室</u>

　　被申请人姓名<u>刘某</u>　性别<u>男</u>　民族<u>汉</u>　年龄<u>42</u>岁
职业或职务<u>个体超市经营者</u>　联系方式<u>138XXXXXXXX</u>
单位或住址<u>XX市XX区XX路X号</u>

　　（2）纠纷简要情况

　　该部分主要是陈述申请调解事项所依托的纠纷，换句话说就是为了什么事情来申请调解。申请人在叙述纠纷情况时，一定要简要、抓住主要矛盾，不能啰里啰嗦，长篇大论。只要做到将事实、理由等说清楚即可。

　　如前面调解案件二中，申请人秦某应当将与高某为什么发生纠纷以及发生了什么样的纠纷写清楚。如下文所示：

　　<u>我于XXXX年X月认识了护士小周并确定了恋爱关系。我在与被申请人高某一起聊天时将自己与小周的关系告诉了他，被申请人称自己也认识小周。几天后我去找小周，小周却对我冷言冷语，并说两人的关系到此为止。后我几经打听才得知被申请人高某对小周说我是花心大萝卜。于是，我去找高某理论，他却说自己当时只是跟小周开玩笑时讲的玩笑话。我不信，便与高某争执起来，还动了手。后经多人劝架而没有造成人身伤害。但是高某迟迟不予向小周澄清事实，</u>

我和他之间的矛盾越积越深。

又如前面调解案件三中，申请人孙乙、王韵儿二人除了写明纠纷外，还应该将三人共同购买房屋所占的份额以及张小美对房屋的修缮情况写清楚。如下文所示：

XXXX 年 X 月申请人孙乙、王韵儿与被申请人张小美共同购买了一套两室一厅的住房。按照 3∶4∶3 的份额出资，房产证上记载了三个人的名字。后来我俩搬出，房子留给张小美一个人居住。期间，张小美在未征得我们同意的情况下，找人对房子进行了两次修缮，一次将整个房子铺上了地板砖，另一次将房间的格局做了重大改变，将原来的居住房改成了商住两用，将其中一间租给陈某当成旅行社的办公地点。我俩得知后，找被申请张小美理论，三人就张小美擅自修缮的行为发生争议。

（3）当事人申请事项

请求事项必须写得明确、具体，不能写得含糊其词、抽象笼统。有多个请求的须分项列出。

比如在前面调解案件一中，申请人老李，可以将其申请事项列为以下两点：1. 由被申请人赵 X 赔偿申请人李 X 母猪的损失，共计人民币 XXX 元。2. 由被申请人老赵向我进行赔礼道歉。

又如在前面调解案件四中，齐先生的申请事项可以为：要求被申请人某电器商场更换我所购买的热水器。

（4）当事人自愿申请调解的承诺

如写明：人民调解委员会已将申请人民调解的相关规定告知我，现自愿申请人民调解委员会进行调解。

在每个调解案件中，申请人均要将这句话引用到其申请书中去。（格式中已引用。）

（5）尾部

申请人签名，申请人为自然人的，要按手印，并注明申请日期；申请人为法人或其他组织的，应加盖单位公章，并由其法定代表人签名，同时注明申请日期。

在前面调解案件一中，可写成：申请人：XX（按手印），后面附上申请日期。

　　而在调解案件五中，由于申请人是法人，则应当写成：申请人：XX 饮料厂（加盖法人公章）　　法定代表人（签名）：XX，后面附上申请日期。

3. 人民调解申请书范例（以上述调解案件一为例）

人民调解申请书

　　申请人姓名　李某　性别　男　民族　汉族　年龄　57 岁

职业或职务　农民　　　联系方式　137XXXXXXXX

单位或住址　现住 XX 县 XX 乡 XX 村 XX 号

　　被申请人　赵某　性别　男　民族　汉族　年龄　61 岁

职业或职务　农民　　　联系方式　137XXXXXXXX

单位或住址　XX 县 XX 乡 XX 村 XX 号

　　纠纷简要情况 我与被申请人赵某是同村的邻居，日常往来较少，但两家的孩子相处比较和睦。一日，赵某的儿子为了保护我的女儿而挨了别的同学的殴打，后赵某要求我去为其儿子检查身体，被我拒绝。于是，赵某怀恨在心。XXXX 年 X 月 X 日，他趁我家中没人之际，悄悄放走了我家的老母猪，造成母猪意外死亡的后果。此母猪是我家的合法财产，也是我全家赖以维持生计的生产工具。如今，多年喂养的母猪死亡，给我家造成了不小损失。我多次登门向赵某请求赔偿，均遭到拒绝。此后，我与被申请人之间为了赔偿事宜多次发生争吵。

　　当事人申请事项：1、由被申请人赵某赔偿我因母猪死亡带来的经济损失共计人民币 4000 元。

　　　　　　　　　　2、由被申请赵某向我赔礼道歉。

人民调解委员会已将申请人民调解的相关规定告知我，现自愿申请人民调解委员会进行调解。

申请人（签名盖章或按指印）李某

XXXX 年 X 月 X 日

4. 文书制作提醒

（1）"纠纷简要情况"部分是申请书的主要内容，首先该纠纷应当属于人民调解的受理范围，否则，人民调解委员会是不接受调解申请的；其次，就是注意措辞一定要简单、明确，切忌不可啰里啰嗦，长篇大论；最后就是要注意抓住纠纷的实质，也就是主要矛盾。

（2）当事人申请事项部分一定要明确、具体。涉及财产赔偿的，要注明请求赔偿的数额。

（3）调解申请书既可以由本人填写，也可由他人代写，但必须由申请人自己签名。

5. 人民调解申请小知识现场咨询

☞ 张先生：您好，据说现在好多民间纠纷都可以申请人民调解解决，又省事还可以不怎么伤和气，请问什么是人民调解呢？

解答员：人民调解是指人民调解委员会通过说服、疏导等方法，促使当事人在平等协商基础上自愿达成调解协议，解决民间纠纷的活动。人民调解操作起来具有很大的灵活性，对于彻底、经济、快捷地解决纠纷很有帮助。

☞ 李先生：我和他人最近发生了点纠纷，我想申请人民调解来解决，不知道我可不可以提出调解申请呢？具体哪些人可以提起人民调解申请？

解答员：公民、法人、其他组织均可以提起人民调解申请。当然，这里的自然人一定是要具有完全行为能力的人。未成年人和精神病人一般是不能提出申请的。

☞ 杨先生：我与邻居闹了点矛盾，不想通过诉讼解决，想申请人民调解。请问当事人可以就哪些事情申请人民调解？

解答员：只要是发生在公民与公民之间、公民与法人、其他社会组织之间涉及民事权利义务争议的各种纠纷，都可以申请人民调解。如一般的民事侵权纠纷、合同纠纷、婚姻家庭纠纷等等都可以申请人民调解。而纠纷涉及行政问题、刑事问题的，则不能通过人民调解解决。

☞ 罗女士：您好，我有个事情想申请人民调解，不知道进行人民调解的机构在哪里？

解答员：人民调解的机构为人民调解委员会。一般地，乡镇政府或街道办事处下设人民调解委员会，也可在农村村民委员会、城市社区居民委员会下设人民调解委员会，企业事业单位根据需要也设有人民调解委员会，此外，还有区域性、行业性的人民调解委员会。人民调解委员会作为民间纠纷的群众性自治组织，在基层人民政府和基层司法行政部门指导下进行工作。可以说，人民调解委员会的设置非常广泛，这也给当事人申请人民调解带来了便利。

☞ 孙女士：听说打官司很费钱，我有个纠纷，想申请人民调解，那么人民调解收费吗？

解答员：人民调解委员会调解民间纠纷，不收取任何费用。请放心好了。

☞ 曹先生：您好，请问进行人民调解，一定要由申请人自己提出吗？

解答员：不是的。当事人可以向人民调解委员会申请调解；人民调解委员会也可以主动调解。当事人一方明确拒绝调解的，不得调解。此外，基层人民法院、公安机关对适宜通过人民调解方式解决的纠纷，可以在受理前告知当事人向人民调解委员会申请调解。

☞ 朱女士：我与他人发生了点纠纷，现已经向人民调解委员会递交了调解申请，不知道当事人在人民调解活动中享有哪些权利，以及承担哪些义务呢？

解答员：当事人在人民调解活动中享有的权利为：①选择或者接

受人民调解员；②接受调解、拒绝调解或者要求终止调解；③要求调解公开进行或者不公开进行；④自主表达意愿、自愿达成调解协议。

当事人在人民调解活动中应履行下列义务：①如实陈述纠纷事实；②遵守调解现场秩序，尊重人民调解员；③尊重对方当事人行使权利。

☞ 周先生：您好，听说人民调解委员会是民间纠纷的群众性自治组织，那么，人民调解委员会调解民间纠纷，是不是就很随意呢？

解答员：不是的。人民调解委员会调解民间纠纷，应当遵循下列原则：①在当事人自愿、平等的基础上进行调解；②不违背法律、法规和国家政策；③尊重当事人的权利，不得因调解而阻止当事人依法通过仲裁、行政、司法等途径维护自己的权利。

6. 相关法条链接

《中华人民共和国人民调解法》

第二条　本法所称人民调解，是指人民调解委员会通过说服、疏导等方法，促使当事人在平等协商基础上自愿达成调解协议，解决民间纠纷的活动。

第三条　人民调解委员会调解民间纠纷，应当遵循下列原则：

（一）在当事人自愿、平等的基础上进行调解；

（二）不违背法律、法规和国家政策；

（三）尊重当事人的权利，不得因调解而阻止当事人依法通过仲裁、行政、司法等途径维护自己的权利。

第四条　人民调解委员会调解民间纠纷，不收取任何费用。

第七条　人民调解委员会是依法设立的调解民间纠纷的群众性组织。

第八条　村民委员会、居民委员会设立人民调解委员会。企业事业单位根据需要设立人民调解委员会。

人民调解委员会由委员三至九人组成，设主任一人，必要时，可以设副主任若干人。

人民调解委员会应当有妇女成员，多民族居住的地区应当有人数较少民族的成员。

第九条　村民委员会、居民委员会的人民调解委员会委员由村民会议或者村民代表会议、居民会议推选产生；企业事业单位设立的人民调解委员会委员由职工大会、职工代表大会或者工会组织推选产生。

人民调解委员会委员每届任期三年，可以连选连任。

第十七条　当事人可以向人民调解委员会申请调解；人民调解委员会也可以主动调解。当事人一方明确拒绝调解的，不得调解。

第十八条　基层人民法院、公安机关对适宜通过人民调解方式解决的纠纷，可以在受理前告知当事人向人民调解委员会申请调解。

第二十三条　当事人在人民调解活动中享有下列权利：

（一）选择或者接受人民调解员；

（二）接受调解、拒绝调解或者要求终止调解；

（三）要求调解公开进行或者不公开进行；

（四）自主表达意愿、自愿达成调解协议。

第二十四条　当事人在人民调解活动中履行下列义务：

（一）如实陈述纠纷事实；

（二）遵守调解现场秩序，尊重人民调解员；

（三）尊重对方当事人行使权利。

调解案件一涉及法条：

《中华人民共和国民法通则》

第一百一十七条　侵占国家的、集体的财产或者他人财产的，应当返还财产，不能返还财产的，应当折价赔偿。

损坏国家的、集体的财产或者他人财产的，应当恢复原状或者折价赔偿。

受害人因此遭受其他重大损失的，侵害人并应当赔偿损失。

调解案件二涉及法条：

《中华人民共和国民法通则》

第一百二十条第一款　公民的姓名权、肖像权、名誉权、荣誉权受到侵害的，有权要求停止侵害，恢复名誉，消除影响，赔礼道歉，并可以要求赔偿损失。

调解案件三涉及法条：

《中华人民共和国物权法》

第九十七条　处分共有的不动产或者动产以及对共有的不动产或者动产作重大修缮的，应当经占份额三分之二以上的按份共有人或者全体共同共有人同意，但共有人之间另有约定的除外。

调解案件四涉及法条：

《部分商品修理更换退货责任规定》

第五条　销售者应当履行下列义务：

……

（四）产品出售时，应当开箱检验，正确调试，介绍使用维护事项、三包方式及修理单位，提供有效发票和三包凭证；

（五）妥善处理消费者的查询、投诉，并提供服务。

《中华人民共和国合同法》

第一百五十八条第二款　当事人没有约定检验期间的，买受人应当在发现或者应当发现标的物的数量或者质量不符合约定的合理期间内通知出卖人。买受人在合理期间内未通知或者自标的物收到之日起两年内未通知出卖人的，视为标的物的数量或者质量符合约定，但对标的物有质量保证期的，适用质量保证期，不适用该两年的规定。

调解案件五涉及法条：

《中华人民共和国合同法》

第七十一条　债权人可以拒绝债务人提前履行债务，但提前履行不损害债权人利益的除外。

债务人提前履行债务给债权人增加的费用，由债务人负担。

（四）人民调解受理登记表

人民调解受理登记表是人民调解委员会受理民间纠纷，或者主动调解纠纷的简要记载。人民调解受理登记表应登记当事人姓名、依申请受理或人民调解委员会主动调解的时间、纠纷类型和纠纷简要情况等。

下面，我们通过几个案例对人民调解受理登记表的使用以及其他相关知识予以说明。

调解案件一：因伤害他人身体而引发的侵权赔偿纠纷

马某和杨某都是个体商贩，经常在大街上摆摊，但他们也时时关注着城管人员的行动以及时回避他们。2011年5月的一天，马某等人正在街上摆摊做生意，突然城管人员出现。马某看到城管人员后慌忙拿着货物向一条胡同里跑，并叫杨某"快跑"，杨某闻听也朝同一胡同跑去。二人忙乱中将在树下乘凉的王老太太撞倒，造成其左小腿骨折。经住院医疗，王老太太花去医院费用5000元。对于王老太太的损失，应该由谁负责赔偿的问题，二人发生了纠纷。后马某就此纠纷向人民调解委员会申请了调解。人民调解委员会受理了此案。

调解员赵保民负责此案的调解工作，他在查明事实、尊重法律的基础上，对双方当事人进行了法律知识的普及：这个纠纷涉及共同侵权的法律问题。对于王老太太的损失，应该由马某和杨某共同承担。我国《侵权责任法》第八条规定："二人以上共同实施侵权行为，造成他人损害的，应当承担连带责任。"《民法通则》第一百三十条也作了内容相同的规定。由此可知，共同侵权行为的加害人应当承担连带责任。这里所说的连带，是指共同的、一致的、不可分割的。受害人既可以请求全部侵权人承担赔偿责任，也可以只要求其中一人承担全部赔偿责任。共同侵权人中的任何一个人都有义务对全部损害承担赔偿责任。共同侵权人中的一人对全部损害承担了赔偿责任之后，有权向其他没有承担责任的共同侵权人追偿。最后，马某和杨某达成口头调解协议，二人对王老太太的医药费各承担一半。后经人民调解委员会回访得知调解协议履行良好。

调解案件二：因侵害名誉权而引发的侵权赔偿纠纷

某幼儿园的老师和家长发现张某某在其个人博客上发帖称学校给孩子提供的伙食很差，"幼儿正处于成长发育时期，要大量的营养啊！每天午餐没有青菜，营养能均衡吗？"还抱怨女儿从学校回到家中已经成了"饿鬼"。此博文点击量很大，许多家长看到后表示对幼儿园的伙食不信任，要将自己的孩子转学。经教育部门和卫生部门的综合检查，幼儿园的饮食符合标准。后幼儿园要求张某将帖子从其博客中删除，但张某称其有言论自由，一直未予理会。由此幼儿园与张某发生了纠纷。后此纠纷由人民调解委员会主动调解。

调解员朱某查明事实情况后，向双方当事人讲解了法律的相关规定：我国《民法通则》第120条规定："公民的姓名权、肖像权、名誉权、荣誉权受到侵害的，有权要求停止侵害，恢复名誉，消除影响，赔礼道歉，并可以要求赔偿损失。

法人的名称权、名誉权、荣誉权受到侵害的，适用前款规定。"

《最高人民法院关于审理名誉权案件若干问题的解答》规定：因撰写、发表批评文章引起的名誉权纠纷，人民法院应根据不同情况处理：

"文章反映的问题基本真实，没有侮辱他人人格的内容的，不应认定为侵害他人名誉权。

文章反映的问题虽基本属实，但有侮辱他人人格的内容，使他人名誉受到侵害的，应认定为侵害他人名誉权。"

本纠纷中，张某在其博客上捏造事实，发布对幼儿园不利的信息，经证明是恶意攻击，且给幼儿园造成了恶劣的影响，构成对幼儿园名誉权的侵害。根据上述法律的规定，幼儿园本来有权要求张某承担侵权责任。如果张某对幼儿园有什么不满，可以与幼儿园方面协商解决，而不应该以捏造事实的方式恶意侵害他人的名誉权。如果幼儿园因此起诉张某，很显然张某将为自己的行为承担不利的法律后果。张某表示，是自己的女儿比较挑食，在幼儿园从来不好好吃饭，自己没有深入了解情况，对幼儿园产生了一定的误解，并非有意中伤，承诺尽量在博客中删除该帖，并在个人博客向澄清事实、向幼儿园道歉，同时，与幼儿园共同努力，纠正女儿偏食的不良习惯。幼儿园则表示可以放弃经济赔偿。

调解案件三：因人身伤害而引发的侵权赔偿纠纷

袁某到S县出差，住进一家旅馆，该旅馆规模很小，且房间的隔音设备不好。袁某入睡后，隔壁房间有四个人开始打麻将，将其吵醒。袁某敲门进行交涉，谁知招致对方四人殴打。旅馆服务员听到声音即赶来，但是没有及时出手制止，也没有报警，导致袁某被打伤。四个人看到惹了祸，随即逃之夭夭。袁某认为旅馆工作人员没有及时制止斗殴，应当承担赔偿责任，但旅馆与袁某在赔偿数额上产生了异议。后来，旅馆为了不把事态扩大化，便向人民调解委员会申请调解。人民调解委员会受理了此案。

调解员范连义针对此案，在尊重法律的基础上对双方当事人作出了耐心的调解：本纠纷涉及消费者被第三人侵权，经营者是否完全免责的法律问题。我国《侵权责任法》第三十七条第二款规定："因第三人的行为造成他人损害的，由第三人承担侵权责任；管理人或者组织者未尽到安全保障义务的，承担相应的补充责任。"《最高人民法院关于审理人身损害赔偿案件适用法律若干问题的解释》第六条第二款规定："因第三人侵权导致损害结果发生的，由实施侵权行为的第三人承担赔偿责任。安全保障义务人有过错的，应当在其能够防止或者制止损害的范围内承担相应的补充赔偿责任。安全保障义务人承担责任后，可以向第三人追偿。赔偿权利人起诉安全保障义务人的，应当将第三人作为共同被告，但第三人不能确定的除外。"由此说明，消费者在旅馆、饭店等公共场所消费时被第三人侵害，如果旅馆、饭店等公共场所的管理人没有尽到安全保障义务，致使消费者受到人身、财产侵害的，应当承担相应的侵权责任。这里所说的安全保障义务包括：（1）加强管理，提供安全的消费、活动环境；（2）坚持服务标准，防止出现损害；（3）必要的提示、说明、劝告、协助义务。本纠纷中，袁某入住该旅馆，旅馆应当保障其人身安全。当袁某在旅店内被殴打时，旅馆工作人员既未阻止也未报案，显然没有尽到合理限度内保障旅客安全的义务，导致袁某受伤。参与殴打袁某的四个人都逃走了，旅馆依法应当在能够防止或者制止损害的范围内承担相应的补充赔偿责任。旅馆承担责任后，可以向殴打袁某的四人进行追偿。最后，由于双方就赔偿数额问题未达成一致意见而导致调解失败，袁某将旅馆告上了法院。法院根据事实及相关法律的规定，判令旅馆承担袁某的医疗费、误工费、交通费等各项损失共计7200元，并承担本案的诉讼费用。

调解案件四：因一方迟延履行而引发的合同纠纷

张某种了 200 亩水稻，与某机电设备公司签定两台农用水泵买卖合同，合同约定机电设备公司 1 个月内将水泵送到并安装调试成功，张某在调试成功后支付价款一万元。1 个月马上到了，而张某的水稻田也马上就需要抽水灌溉，可是机电设备公司一直没有履行合同。张某决定解除该合同，向另一农机公司购买两台农用水泵。而机电公司设备公司不同意解除合同，遂发生纠纷。后张某向人民调解委员会申请调解，人民调解委员会予以受理。

调解员孙某负责对双方当事人进行调解，他向双方讲解了我国《合同法》的相关规定。当事人在平等条件下，共同协商一致订立的合同对双方当事人均有约束力，双方都要合理履行合同。根据我国《合同法》第九十四条的规定，在履行期限届满之前，当事人一方明确表示或者以自己的行为表明不履行主要债务，当事人可以解除合同。机电设备公司在合同期内一直不交付农用水泵，给张某的正常生产带来不利影响，因此张某可以依法解除合同。《合同法》第九十七条规定："合同解除后，尚未履行的，终止履行；已经履行的，根据履行情况和合同性质，当事人可以要求恢复原状、采取其他补救措施，并有权要求赔偿损失。"因双方的合同没有实际履行，没有给机电公司带来实际的经济损失，张某不存在返还财产、赔偿损失、修理重做等补救措施。最后，在调解员的开导下，机电公司设备公司同意解除合同，张某向另一家机电公司购买了水泵，并很快安装调试投入使用。

调解案件五：因一方违约而引发的合同纠纷

果农陈某有 100 箱葡萄，与某运输公司签订了货运合同，合同约定运输公司在 2 日内按照通常路线，将葡萄运到市里的水果批发市场，运费 1000 元运到时结算。运输公司将葡萄装车拉走，中途到另一地装运货物，走了不少冤枉路。当运输公司将葡萄送到目的地时已经晚了 1 天，部分葡萄已经变质不能食用。运输公司认为双方没有约定具体路线而拒绝赔偿陈某的损失。由此，双方发生了纠纷。后来在陈某的申请下，人民调解委员会受理了此纠纷。

调解员李某针对此案，在尊重法律的基础上对双方当事人讲解了相关法律的规定：运输合同是承运人将旅客或货物运到约定地点，旅客、托运人或收货人支付票款或运费的合同。承运人在签定合同后，应当本着合同目的，将货物或旅客安全运送到目的地。根据我国《合同法》第二百九十一条的规定，承运人应当按照约定的或者通常的运输路线将旅客、货物运输到约定地点。即承运人应当按合同约定的路线运送旅客或货物，如双方没有约定路线，则应当按通常的路线进行运输。该纠纷中，陈某与运输公司达成葡萄运输合同，双方没有约定具体路线，但约定运输公司按通常路线将葡萄送到水果批发市场所在地。运输公司在运输过程中没有走通常路线，而是自行绕行去另一地装运货物，使葡萄到达时比约定时间晚一天，部分葡萄已经变质不能食用，运输公司已经违反了合同约定，是一种违约行为。因此，运输公司应该对变质的葡萄承担赔偿责任。此案是非曲直比较清楚，即使诉讼到法院，结果也没有什么悬念。最后，双方当事人接受了调解并达成书面调解协议，由运输公司赔偿陈某货物损失人民币 6000 元。

1. 人民调解受理登记表格式参考

人民调解受理登记表

____年____月____日，人民调解委员会依当事人申请（人民调解委员会主动调解），经当事人同意，调解_____、_____之间的纠纷。

纠纷类型：_____

案件来源：①当事人申请②人民调解委员会主动调解

纠纷简要情况：_____

_____

_____

当事人（签名）_____

登记人（签名）_____

_____人民调解委员会

_____年____月_____日

备注：此表由人民调解委员会填写

2. 结合案例详解人民调解受理登记表的使用

（1）首部

标题：写"人民调解受理登记表"。

（2）该部分主要是对所受理调解案件的一个简要交代，即说明调解时间、当事人情况等等。一般格式如上为：____年____月____日，人民调解委员会依当事人申请（人民调解委员会主动调解），经当事人同意，调解_____、_____之间的纠纷。

如前面的调解案件一，即可写为：XXXX 年 X 月 X 日，人民调解委员会依当事人申请，经当事人同意，调解马某、杨某之间的纠纷。

再如前面的调解案件二，即可写为：XXXX 年 X 月 X 日，依人民调解委员会主动调解，经当事人同意，调解某幼儿园、张某之间的纠纷。

（3）纠纷类型

介绍一下纠纷属于哪一种类型，如合同纠纷、财产纠纷、人身赔偿纠纷等等。

如前面的调解案件三，纠纷类型即为人身侵权赔偿纠纷。而调解案件四和调解案件五的纠纷类型则为合同纠纷。

（4）案件来源

该部分主要介绍案件的由来，即是由当事人自己申请的，还是由人民调解委员会主动调解的。可直接选择打"√"。

如前面的调解案件一，是由马某申请的，就勾画"当事人申请"。

再如前面的调解案件二，是由人民调解委员会主动调解的，就勾画"人民调解委员会主动调解"。

（5）纠纷简要情况

　　该部分主要是对所调解案件的一个简要的概括。在叙述的时候要简练、精要。要抓住纠纷的关键点。

　　如前面的调解案件一，纠纷的关键点就是对于王老太太的损失，应该由谁负责赔偿的问题。这一关键点要在叙述纠纷的时候体现出来。如下文所示：

　　马某和杨某在大街上摆摊，马某看到城管人员后慌忙拿着货物向一条胡同里跑，并叫杨某"快跑"，杨某闻听也朝同一胡同跑去。二人忙乱中将王老太太撞倒，造成其左小腿骨折。经住院医疗，王老太太花去医院费用5000元。对于王老太太的损失，应该由谁负责赔偿的问题，二人发生了纠纷。

　　再如前面的调解案件三，纠纷的关键点不是旅馆是不是应当赔偿的问题，而是旅馆应当赔偿多少的问题。

　　如可写成：

　　XXXX年XX月XX日，袁某到某县出差，住进一家旅馆。袁某入睡后，隔壁房间有四个人开始打麻将，将其吵醒。袁某敲门进行交涉，谁知招致对方四人殴打。旅馆服务员听到声音即赶来，但是没有及时出手制止，也没有报警，导致袁某被打伤。四个人看到惹了祸，随即逃之天天。袁某认为旅馆工作人员没有及时制止斗殴，应当承担赔偿责任，但旅馆与袁某在赔偿数额上产生了异议。

　　又如前面的调解案件四，纠纷的关键点在于张某能否解除该合同。

　　可以这样写：

　　XXXX年XX月XX日，张某与某机电设备公司签定两台农用水泵买卖合同，合同约定机电设备公司1个月内将水泵送到并安装调试成功，张某在调试成功后支付价款一万元。1个月期限将至，张某的稻田即将进入抽水灌溉期，但机电设备公司一直没有履行合同，导致张某的生产无法正常运作。于是张某决定解除该合同，向另一农机公司购买两台农用水泵。而机电设备公司不同意解除合同，遂发生纠纷。

　　(6) 尾部

　　人民调解受理登记表由各方当事人和登记人签名，并由所属调解委员会署名，注明年月日。

3. 人民调解受理登记表范例（以上述调解案件一为例）

人民调解受理登记表

　<u>2011</u> 年<u>5</u> 月<u>25</u> 日，人民调解委员会依当事人<u>马某</u>申请，经当事人同意，调解<u>马某</u>、<u>杨某</u>之间的纠纷。

　纠纷类型：<u>人身赔偿纠纷</u>

　案件来源：<u>√</u>①当事人申请②人民调解委员会主动调解

　纠纷简要情况：<u>马某和杨某在大街上摆摊，马某看到城管人员后慌忙拿着货物向一条胡同里跑，并叫杨某"快跑"，杨某闻听也朝同一胡同跑去。二人忙乱中将王老太太撞倒，造成其左小腿骨折。经住院医疗，王老太太花去医院费用 5000 元。对于王老太太的损失，应该由谁负责赔偿的问题，二人发生了纠纷。</u>

　当事人（签名）<u>马某　杨某</u>

　登记人（签名）<u>赵保民</u>

<u>XXXX</u> 人民调解委员会

<u>XXXX</u> 年<u>XX</u> 月<u>XX</u> 日

　备注：此表由人民调解委员会填写

4. 文书制作提醒

（1）此表由人民调解委员会填写。

（2）在介绍纠纷简要情况的时候，切忌啰里啰嗦，长篇大论。一定要简要，抓住纠纷的实质，体现出纠纷的关键点。

5. 人民调解受理登记表小知识现场咨询

☞ 填表人：此表当事人签名，是各方当事人都要签名吗？

解答员：是的。纠纷的各方当事人都要签名。如为双方当事人的纠纷，就由双方当事人签名，如为三方，则三方当事人都要签名，以此类推。

☞ 调解员：法律对人民调解委员会受理民间纠纷案件的管辖有哪些规定？

解答员：当事人提请处理的民间纠纷，由当事人户籍所在地或者居所地的基层人民政府受理。跨地区的民间纠纷，由当事人双方户籍所在地或者居所地的基层人民政府协商受理。此外，一方当事人已向人民法院提起诉讼的纠纷，以及基层人民政府已经处理过、当事人没有提出新的事实和理由的纠纷，基层人民政府不予受理。还需要注意的是，法律、法规、规章和政策明确规定由指定部门处理的纠纷，应当告知当事人向指定部门申请处理。

☞ 调解员：在人民调解委员会调解纠纷的过程中，也存在回避的情形吗？

解答员：是的，存在回避的情形。具体负责处理纠纷的司法助理员有下列情形之一的，必须自行回避，当事人也有权用口头或者书面方式申请他们回避：（1）是本纠纷的当事人或者当事人的近亲属；（2）与本纠纷当事人有利害关系；（3）与本纠纷当事人有其他关系，可能影响公正处理的。基层人民政府负责人决定司法助理员的回避，并另行指派他人负责处理纠纷。

6. 相关法条链接

《中华人民共和国人民调解法》

第二十七条　人民调解员应当记录调解情况。人民调解委员会应当建立调解工作档案，将调解登记、调解工作记录、调解协议书等材料立卷归档。

《司法部关于贯彻实施〈中华人民共和国人民调解法〉的意见》

11. 完善人民调解受理方式。当事人书面申请调解的，应当填写《人民调解申请书》；口头申请的，人民调解委员会应当填写《人民调解受理登记表》。对于排查中主动发现的、群众反映的或者有关部门移送的民间纠纷，人民调解委员会应当主动进行调解。对于不属于受理范围的纠纷，人民调解委员会应当告知当事人按照法律、法规的规定，可以请求有关部门处理或者向人民法院提起诉讼。

16. 加强人民调解统计报送工作。要全面、及时地对人民调解工作情况进行登记和统计。人民调解员调解每一件纠纷，都应当填写《人民调解员调解案件登记单》。人民调解委员会应当按期填写

《人民调解委员会调解案件汇总登记表》，及时向司法行政机关报送《人民调解组织队伍经费保障情况统计表》、《人民调解案件情况统计表》。

《民间纠纷处理办法》

第七条　当事人提请处理的民间纠纷，由当事人户籍所在地或者居所地的基层人民政府受理。跨地区的民间纠纷，由当事人双方户籍所在地或者居所地的基层人民政府协商受理。

第八条　受理民间纠纷，应当有一方或者双方当事人的申请，申请可以采用口头或者书面方式，并有明确的对方当事人和申请事项、事实根据。

第九条　一方当事人已向人民法院提起诉讼的纠纷，以及基层人民政府已经处理过、当事人没有提出新的事实和理由的纠纷，基层人民政府不予受理。

第十一条　法律、法规、规章和政策明确规定由指定部门处理的纠纷，应当告知当事人向指定部门申请处理。

第十二条　具体负责处理纠纷的司法助理员有下列情形之一的，必须自行回避，当事人也有权用口头或者书面方式申请他们回避：

（一）是本纠纷的当事人或者当事人的近亲属；

（二）与本纠纷当事人有利害关系；

（三）与本纠纷当事人有其他关系，可能影响公正处理的。

基层人民政府负责人决定司法助理员的回避，并另行指派他人负责处理纠纷。

调解案件一涉及法条：

《中华人民共和国侵权责任法》

第八条　二人以上共同实施侵权行为，造成他人损害的，应当承担连带责任。

《中华人民共和国民法通则》

第一百三十条　二人以上共同侵权造成他人损害的，应当承担连带责任。

调解案件二涉及法条：

《中华人民共和国民法通则》第一百二十条　公民的姓名权、肖像权、名誉权、荣誉权受到侵害的，有权要求停止侵害，恢复名誉，消除影响，赔礼道歉，并可以要求赔偿损失。

法人的名称权、名誉权、荣誉权受到侵害的，适用前款规定。

《最高人民法院关于审理名誉权案件若干问题的解答》

八、问：因撰写、发表批评文章引起的名誉权纠纷，应如何认定是否构成侵权？

答：因撰写、发表批评文章引起的名誉权纠纷，人民法院应根据不同情况处理：

文章反映的问题基本真实，没有侮辱他人人格的内容的，不应认定为侵害他人名誉权。

文章反映的问题虽基本属实，但有侮辱他人人格的内容，使他人名誉受到侵害的，应认定为侵害他人名誉权。

文章的基本内容失实，使他人名誉受到损害的，应认定为侵害他人名誉权。

调解案件三涉及法条：

《中华人民共和国侵权责任法》

第三十七条第二款　因第三人的行为造成他人损害的，由第三人承担侵权责任；管理人或者组织者未尽到安全保障义务的，承担相应的补充责任。

《最高人民法院关于审理人身损害赔偿案件适用法律若干问题的解释》

第六条　从事住宿、餐饮、娱乐等经营活动或者其他社会活动的自然人、法人、其他组织，未尽合理限度范围内的安全保障义务致使他人遭受人身损害，赔偿权利人请求其承担相应赔偿责任的，人民法院应予支持。

因第三人侵权导致损害结果发生的，由实施侵权行为的第三人承担赔偿责任。安全保障义务人有过错的，应当在其能够防止或者制止损害的范围内承担相应的补充赔偿责任。安全保障义务人承担责任后，可以向第三人追偿。赔偿权利人起诉安全保障义务人的，应当将第三人作为共同被告，但第三人不能确定的除外。

调解案件四涉及法条：

《中华人民共和国合同法》

第九十四条　有下列情形之一的，当事人可以解除合同：

……

（二）在履行期限届满之前，当事人一方明确表示或者以自己的行为表明不履行主要债务；

……

第九十七条　合同解除后，尚未履行的，终止履行；已经履行的，根据履行情况和合同性质，当事人可以要求恢复原状、采取其他补救措施，并有权要求赔偿损失。

调解案件五涉及法条：

《中华人民共和国合同法》

第二百九十一条　承运人应当按照约定的或者通常的运输路线将旅客、货物运输到约定地点。

第二百九十二条　旅客、托运人或者收货人应当支付票款或者运输费用。承运人未按照约定路线或者通常路线运输增加票款或者运输费用的，旅客、托运人或者收货人可以拒绝支付增加部分的票款或者运输费用。

第三百一十一条　承运人对运输过程中货物的毁损、灭失承担损害赔偿责任，但承运人证明货物的毁损、灭失是因不可抗力、货物本身的自然性质或者合理损耗以及托运人、收货人的过错造成的，不承担损害赔偿责任。

（五）人民调解调查记录

人民调解调查记录是人民调解委员会向有关人员访问了解纠纷情况时所做的文字记录。人民调解调查记录作为人民委员会调解案件卷宗收录的一部分，不仅可以反映人民调解委员会案件的受理与调解情况，还能有效地帮助调解员了解案情，以便根据法律作出公平公正的调解结果。此外，人民调解调查记录还关系到人民调解程序的合法性，对于以后可能涉及的法院诉前调解，或者判决都具有重要的作用。

以下通过几个案例对人民调解调查记录的使用以及其他相关知识予以说明。

调解案件一：因继承遗产而引发的婚姻家庭纠纷

陆某有一子一女均已成家，其女远嫁他乡。2011 年，陆某因病身亡，留下存款 8 万元。办完丧事后，陆某之子陆甲将父亲所留的存款全部据为己有。而从外地赶回奔丧的陆某之女陆乙得知此事后，要求将存款的一半分给自己。陆甲声称妹妹已出嫁，不再是陆家的人了，无权再继承父亲的遗产。由此，陆甲和陆乙兄妹二人发生纠纷。后此案被申请提交人民调解委员会解决。人民调解委员会在受理此案后，走访了当事人及有关人员，并作了人民调解调查记录。

由于此案属于家庭成员间的纠纷，调解员赵力铭针对此案进行了耐心细致的调解工作：从法律上讲，我国《继承法》第九条明确规定，男女享有平等的继承权。因此，无论是儿子还是女儿，也不论已婚还是未婚，都有继承父母遗产的权利。本纠纷中，陆乙虽然已经出嫁，但仍与陆甲同为第一顺序继承人，对父母的遗产享有平等的继承权。但是由于陆乙远嫁外地，更多地由其兄陆甲照顾父亲陆某并履行赡养义务，因此陆甲可以适当多分遗产。最后，陆甲和陆乙达成口头调解协议，二人按照 6∶4 的比例继承父亲的财产，即陆甲分得六成，陆乙分得四成。后经人民调解委员会回访得知调解协议履行良好。

调解案件二：因动物伤人而引发的侵权赔偿纠纷

曲某养了一纯种的狼狗看家护院。在一次外出旅游回到家中后，曲某发现狼狗不见了，遂四处打听，并张贴寻狗启示，但一无所获。随着时间的流逝，曲某渐渐淡忘了此事。可是，一年后的某一天，同村的马某领着孩子找到曲某，称曲某的狗将自己的儿子咬伤，让其赔偿损失。曲某称自己的狗早在一年前丢失。马某却说狗并没丢失，而是在同村的苗某家。曲某找到苗某，证明自己的狗一直在苗某家，而苗某却说自己只是替曲某代养的，现在愿意将狗归还。此时面对马某孩子的损害，曲某和苗某都不愿意承担赔偿责任。由此，产生纠纷。后此纠纷由马某申请提交到人民调解委员会解决。人民调解委员会在受理此案后，走访了当事人及有关人员，并作了人民调解调查记录。

调解员刘祖腾针对此案，在尊重法律的基础上对双方当事人作出了耐心的讲解：我国《民法通则》第一百二十七条规定："饲养的动物造成他人损害的，动物饲养人或者管理人应当承担民事责任；由于受害人的过错造成损害的，动物饲养人或者管理人不承担民事责任；由于第三人的过错造成损害的，第三人应当承担民事责任。"由此可见，如果在动物的饲养人和管理人不一致的情况下，发生动物致人损害的，应由实际的管理人即饲养人承担责任。本纠纷中，由于苗某在长达一年多的时间里，一直为狼狗的实际管理人，因而负有看管约束狼狗的义务。所以，马某应向苗某主张自己的权利。即对于马某的损失，应该由苗某承担。最后，由于当事人之间还是就责任的承担问题存有异议，因此最终未达成调解协议。马某也不知该让曲某赔偿还是该让苗某赔偿，二人又各自表示不肯承担责任，无奈之下以二人为共同被告将其告上法院。法院经过审理，最后依法判令由苗某承担责任。

调解案件三：因分割遗产引发的婚姻家庭纠纷

周某有三个儿子，周甲、周乙和周丙，周某的妻子早年过世，周某将三个儿子抚养长大。周某过世后，留下三间房子，没有留下遗嘱也没有其他继承人。于是三个儿子分割了周某的三间房子，一人一间。房子刚分割完后两天，周甲就发现其分得的一间房子开裂了，有倒塌的危险。周甲于是找人对房子进行了修理，花去修理费若干。周甲请求周乙和周丙承担一部分修理费，周乙和周丙不肯，认为房子已经分完了，周甲的房屋怎么样已经与他们无关。由此，兄弟之间发生纠纷。后此事在村委会的帮助下由当事人周甲申请提交到了人民调解委员会解决。人民调解委员会在受理此案后，走访了当事人及有关人员，并作了人民调解调查记录。

　　调解员叶倩英针对此案，在尊重法律的基础上对双方当事人作出了耐心的讲解：本纠纷涉及共有财产的分割问题。我国《物权法》第一百条第一款规定，共有财产可以分割，并且分割不减损其价值的可以进行实物分割。本纠纷中周某死后留下三间房子，周某没有其他继承人也没有留下遗嘱，因此三个儿子可以共同继承这三间房子。在房子没有被分割以前，兄弟三人共同拥有房子的所有权，由于对房子分割不影响其价值，因此三人一人一间的分割方式是正确的。但是周甲分得的房屋却是一间有质量问题的房屋，该质量问题不是周甲造成的，而是房屋在分割前就存在的，关于这一问题，我国《物权法》第一百条第二款明确规定，共有人分割所得的不动产或者动产有瑕疵的，其他共有人应当分担损失。因此，周甲可以请求周乙和周丙承担部分修理费。最后，经调解，周乙和周丙愿意承担部分修理费。

调解案件四：因格式条款的效力问题引发的合同纠纷

　　李某同好友到风景名胜桂林游玩，并拍摄了大量的风景照，回来后李某将胶卷交给某彩色扩印公司扩印，并预交费用20元，彩色扩印公司开出一张印单交给李某。印单上事先印好了"如遇意外毁坏或者遗失，本公司赔偿同类胶卷一卷或相当价值现金"的字样，后彩色扩印公司将胶卷遗失，李某要求赔偿精神损失，彩印公司引用格式条款的规定，只同意赔偿一个胶卷钱。李某不服，多次找扩印公司理论，可扩印公司每次都以格式条款搪塞。李某本想将彩色扩印公司告到法院，要求赔偿损失，但其又抽不出时间来去打官司，于是便就此纠纷申请了人民调解。人民调解委员会在受理此案后，对当事人及有关人员进行了访问，并作了人民调解调查记录。

　　人民调解委员会在受理此案后，由调解员冯余元主持调解。通过对当事人及有关人员的访问，作了人民调解调查记录。在调解过程中，调解员根据法律对当事人做了大量的说服工作：这里涉及的是格式条款合同的适用问题，格式条款合同是合同的一方为了重复使用并于签订合同时不与对方协商的合同。其具有减少成本、节约时间的优点，但同时也使得提供格式合同一方可能拟定有利于自己不利于对方当事人的条款，故法律对其进行了限制。我国《合同法》第四十条规定："格式条款具有本法第五十二条和第五十三条规定情形的，或者提供格式条款一方免除其责任、加重对方责任、排除对方主要权利的，该条款无效。"据此，彩印公司提供的格式合同排除了对方主要权利，应当认定无效。彩印公司应当赔偿李某的胶卷损失，并赔偿相应的经济损失。最后，由于彩印公司的态度比较强硬而导致调解失败。

1. 人民调解调查记录格式参考

人民调解调查记录

时　间_____

地　点_____

参加人_____

被调查人_____

记　录：_____

_____

_____

_____

_____

调查人（签名）_____

被调查人（签名）_____

记　录　人（签名）_____

2. 结合案例详解人民调解调查记录的使用

（1）首部

标题：写"人民调解调查记录"。

（2）时间、地点、参加人、被调查人

时间、地点为调解员调查案件的时间、地点。

　　如在前面的调解案件一中，调解员于 2011 年 3 月 16 日走访了当事人及有关人员的，这里的时间就填写"2011 年 3 月 16 日"。而地点则按访问的实际地点记录。

　　此外，就是要写明参加人、被调查人的相关情况。

　　"参加人"栏指调查时在场的其他人员，不包括调查人、被调查人和记录人。

　　如在前面的调解案件二中，如果调解员专门就被申请人曲某作出了访问，则被调查人即为曲某。而有其他人（如邻居）参加调查的，则其他的人为参加人。

　　"被调查人"栏应填写被调查人姓名、性别、年龄、单位或住址。如"被调查人"曲某的有关情况要写清楚。

　　（3）调查记录

　　该部分是整个文书的重点，即中心部分。其内容即为调解员向有关人员访问了解纠纷情况时所做的文字记录。在记录时，切记精炼，不能长篇大论，啰里啰嗦。并且，调查记录要反映到纠纷的关键点。这样，有利于以后调解工作的进行。

　　如在前面的调解案件三中，调查记录记载的内容应包括如何分房子、周甲对其分得的房屋做了哪些修缮以及花去的费用以及周甲找周乙和周丙要求分担维修费的情形等。

　　见下文：

　　记录：我们是 XX 人民调解委员会的调解员叶倩英和楚新，依照你的申请，来调解你与周乙、周丙兄弟三人关于继承房产的纠纷，现依法对你展开调查。根据《中华人民共和国人民调解法》第二十三、二十四条的规定，你享有下列权利：（1）选择或者接受人民调解员；（2）接受调解、拒绝调解或者要求终止调解；（3）要求调解公开进行或者不公开进行；（4）自主表达意愿、自愿达成调解协议。

　　同时，你要履行下列义务：（1）如实陈述纠纷事实；（2）遵守调解现场秩序，尊重人民调解员；（3）尊重对方当事人行使权利。

　　请问你听清楚没有？有问题没有？

　　被调查人周甲：听清楚了，没有问题。

调查人：你的父亲去世后，他所遗留的房子，你们兄弟三人是怎样分配的？

被调查人周甲：我父亲留下了三间房子，他去世后我们兄弟三人每人分得一间。

调查人：分房子之前你没有发现你的房子有问题吗？

被调查人周甲：没有注意到。

调查人：你是什么时候发现房子开裂的？

被调查人周甲：分了房子之后我打扫准备往里搬东西时，发现有很大的裂缝，如果不修的话真的会有倒塌的危险；而且从开裂的程度来看，保证很早以前就有裂缝了。当时来帮忙的邻居张三、李四也在场，这一点他们都可以作证。

调查人：你对房子都做了哪些修缮工作，总共花了多少钱？

被调查人周甲：我主要修补了房顶与墙面连接处开裂的地方，换了一根柱子，重新用混凝土砌了墙。这些活请了三个人干了5天，连工钱带材料费、伙食费等共花去5000元。

调查人：这5000元是你一个人出的吗？

被调查人周甲：是的。我跟两个弟弟说，刚分了房子一天都没住就有了裂缝，一定是以前就有的，想让他们帮着出一部分钱，但他们谁都不肯出。让我"摊上了就认了吧，反正房子也是从父亲那里继承来的又不是花钱买的"。

调查人：好了，情况我们了解了，这是笔录，请阅读确认无误后签字。

被调查人周甲：好的。

又如在前面的调解案件四中，调查记录记载的内容应包括印单情况、双方当事人交涉的情况等等。

记录：我们是XX人民调解委员会的调解员，我叫冯余元，这是高松。我们应李某的申请，来调解李某与你们公司关于冲洗照片的纠纷，现依法对你展开调查。根据《中华人民共和国人民调解法》第二十三、二十四条的规定，你享有下列权利：（1）选择或者接受人民调解员；(2) 接受调解、拒绝调解或者要求终止调解；(3) 要求调解公开进行或者不公开进行；(4) 自主表达意愿、自愿达成调解协议。

同时，你要履行下列义务：(1) 如实陈述纠纷事实；(2) 遵守调解现场秩序，尊重人民调解员；(3) 尊重对方当事人行使权利。

请问你听清楚没有？有问题没有？

被调查人彩扩公司高某：听清楚了，没有问题。

调查人：李某把他们照片拿到你们公司要你们公司扩印吗？

被调查人彩扩公司高某：是的。

调查人：当时你们是怎么约定的？

被调查人彩扩公司高某：李某交待清楚后，填写了我们公司事先印好的扩印单，然后把胶卷留在这里，并交了 20 元钱定金。

调查人：他没有再说什么吗？

被调查人彩扩公司高某：说胶卷很重要，让我们千万别弄丢了。

调查人：你们怎么说的？

被调查人彩扩公司高某：我们这儿以前从来没有发生过丢失胶卷的事。所以我们就告诉他"放心吧，保证不会丢的。"

调查人：那现在你们把胶卷弄丢了，李某是如何要你们赔偿的呢？

被调查人彩扩公司高某：李某多次找到我们说让我们赔他精神损失费。这不是开玩笑吗？那东西对他或许很重要，其实不就是一个胶卷吗？再说我们的印单上都写明了"如遇意外毁坏或者遗失，本公司赔偿同类胶卷一卷或相当价值现金"，他也在上面签了字。所以我们只能赔偿他胶卷钱，顶多再赔他点儿"拍摄费"。

调查人：当时让他签字的时候，你们特意跟他说了印单上"如遇意外毁坏或者遗失，本公司赔偿同类胶卷一卷或相当价值现金"这句话了吗？

被调查人彩扩公司高某：没有。白纸黑字的印在那里，我们觉得他一定会看得到的。

调查人：好了，情况我们了解了，这是笔录，你看一下是不是这样，如果没有什么异议就在上面签下字。

被调查人彩扩公司高某：好的。

（4）尾部

人民调解调查记录由调查人、被调查人、记录人签名。

3. 人民调解调查记录范例（以上述调解案件二为例）

人民调解调查记录

时　间 XXXX 年 XX 月 XX 日

地　点 XX 县 XX 乡 XX 村村委会

参加人 赵某　李某

被调查人 曲某，男，39 岁，现住 XX 县 XX 乡 XX 村 XX 号

记录：我们是 XX 人民调解委员会的调解员刘祖腾和陆伟，应马某的申请，来调解马某与你、苗某有关的人身侵权纠纷，现依法对你展开调查。根据《中华人民共和国人民调解法》第二十三、二十四条的规定，你享有下列权利：（1）选择或者接受人民调解员；（2）接受调解、拒绝调解或者要求终止调解；（3）要求调解公开进行或者不公开进行；（4）自主表达意愿、自愿达成调解协议。

同时，你要履行下列义务：（1）如实陈述纠纷事实；（2）遵守调解现场秩序，尊重人民调解员；（3）尊重对方当事人行使权利。

请问你听清楚没有？有问题没有？

被调查人曲某：听清楚了，没有问题。

调查人：咬人的这条狗是谁养的？

被调查人曲某：原来是我养的，但在一年前就丢了。

调查人：狗丢了以后，你找过吗？

被调查人曲某：找过，但没找到。

调查人：据说后来狗在苗某家，你对于狗在苗某家这个情况，发生咬人事件之前是否知道？

被调查人曲某：不知道。还是马某告诉我的，我才知道了。

调查人：苗某说自己只是替你代养，是吗？

被调查人曲某：不是的。我跟他不熟，怎么能让他帮我代养狗呢？何况我那还是一只纯种的狼狗，价格很贵的。

调查人：好了，情况我们了解了，这是笔录，请阅读确认无误后签字。

被调查人曲某：好的。

调查人（签名）刘祖腾，陆伟

被调查人（签名）曲某

记录人（签名）陆伟

4. 文书制作提醒

（1）"参加人"栏系指调查时在场的其他人员，不包括调查人、被调查人和记录人。

（2）记录完毕，应当场交当事人核对。当事人如果认为记录有遗漏或有差错，应当补充或更正，补充或更正的地方和内容必须加盖当事人的印章或按手印。

（3）调查记录经被调查人校阅或向被调查人宣读后，由被调查人、调查人和记录人签名。

（4）记录必须实事求是，客观反映证人或被谈话人的证言或陈述。对谈话人所说的含混不清或前后矛盾的词，如大概、可能、好像等，要问清楚再记录。

5. 人民调解调查记录小知识现场咨询

☞ 记录人：请问"参加人"的详细情况还要写明吗？如姓名、性别、年龄、单位或住址等情况。

解答员：不用写，姓名、性别、年龄、单位或住址等情况在被调查人一项中写明即可。换句话说，只要求将被调查人的基本情况写明，而参加人的基本情况没必要写明。

☞ 记录人：在调查前，是否要向被调查人作出一些事先的说明？

解答员：是的。首先要向被谈话人自我介绍人民调解员的身份，讲明被调查人的权利和义务，尤其是向被谈话人讲明要实事求是的陈述问题，否则要负法律责任，并记录在案。

☞ 记录人：是不是访问现场的每个人说的话都要记录呢？

解答员：不是的。要看他们说的话对案件的解决有没有用，或者是不是与案件存在相关性，如果是一些不相干的，就不用记录。

☞ 记录人：人民调解委员会的调查笔录上，记录人已经签名。但再调查过程中，能否改由调查人代笔？

解答员：可以的。但要将情况说明，即在记录中要有体现更换记录人的原因和当事人的认可情况，此外，还要有调解组织的认可。

☞ 记录人：如果对同一个被谈话人形成两份以上笔录，当前一份笔录的内容与后一份笔录内容有矛盾时，怎么办？

解答员：如果出现同一谈话人前后有出入笔录的，必须让被谈话人确认依哪份笔录为准。

☞ 记录人：制作笔录是否应当遵循一定的程序？就是说其在程序上都有哪些要求呢？

解答员：制作笔录有法定的程序。如应有二人以上的调解人员参加，与证人谈话，应当个别单独进行，其他无关人员不得在场。证人证言笔录应当一人一证，不能由二人或二人以上同时出据一份证言。

☞ 记录人：笔录经签字后还能更改吗？

解答员：一般情况下是不可以的。因为笔录一经签字，即为证据，具有法律效力，任何人不得随意改动、损坏或遗失。

☞ 调解员：调查纠纷的途径主要有哪些？

解答员：调查的途径主要有以下几种：一是耐心听取双方当事人的陈述，了解纠纷过程和他们的真实思想和要求。二是向纠纷关系人、知情人和周围的群众做调查，进一步掌握其他有关情况，并印证双方当事人的陈述；三是到当事人所在单位了解情况，必要时，可求得单位领导和有关人员的支持；四是有些纠纷还需到现场调查，有些疑难的伤害纠纷，还须请有关部门进行伤情检查鉴定，查明伤害程度。[1]

6. 相关法条链接

《中华人民共和国人民调解法》

第二十七条　人民调解员应当记录调解情况。人民调解委员会应当建立调解工作档案，将调解登记、调解工作记录、调解协议书等材料立卷归档。

调解案件一涉及法条：

《中华人民共和国继承法》

第九条　继承权男女平等。

调解案件二涉及法条：

《中华人民共和国民法通则》

第一百二十七条　饲养的动物造成他人损害的，动物饲养人或者管理人应当承担民事责任；由于受害人的过错造成损害的，动物饲养人或者管理人不承担民事责任；由于第三人的过错造成损害的，第三人应当承担民事责任。

调解案件三涉及法条：

《中华人民共和国物权法》

第一百条　共有人可以协商确定分割方式。达不成协议，共有的不动产或者动产可以分割并且不会因分割减损价值的，应当对实物予以分割；难以分割或者因分割会减损价值的，应当对折价或者拍卖、变卖取得的价款予以分割。

共有人分割所得的不动产或者动产有瑕疵的，其他共有人应当分担损失。

调解案件四涉及法条：

《中华人民共和国合同法》

第三十九条　采用格式条款订立合同的，提供格式条款的一方应

---

1. 来源于增城市普法网：人民调解手册。

当遵循公平原则确定当事人之间的权利和义务，并采取合理的方式提请对方注意免除或者限制其责任的条款，按照对方的要求，对该条款予以说明。

格式条款是当事人为了重复使用而预先拟定，并在订立合同时未与对方协商的条款。

第四十条　格式条款具有本法第五十二条和第五十三条规定情形的，或者提供格式条款一方免除其责任、加重对方责任、排除对方主要权利的，该条款无效。

第四十一条　对格式条款的理解发生争议的，应当按照通常理解予以解释。对格式条款有两种以上解释的，应当作出不利于提供格式条款一方的解释。格式条款和非格式条款不一致的，应当采用非格式条款。

（六）人民调解记录

人民调解记录是人民调解委员会对当事人进行说服教育、疏导规劝，促使当事人达成协议的过程的文字记录。人民调解记录也是检验人民调解委员会是否坚持公正、依法、自愿调解的重要依据。做好人民调解记录，对督促和规范人民调解工作具有重要意义。

以下通过几个案例对人民调解记录的使用以及其他相关知识予以说明。

调解案件一：因违约赔偿引发的合同纠纷

洪某是一私营企业老板。有一天早上8：00他乘火车从A市赶到B市，拦了一辆出租车，对司机说必须在9：00前赶到某宾馆签约，否则自己将损失20万元。司机表示没有问题。正常情况下半小时就可以到该宾馆，可是由于司机绕路加油又遇到上班高峰时段堵车，到宾馆时已是9：20，导致没签约成功，造成利润损失20万元。洪某要求出租车公司赔偿他20万元，出租车公司不赔，由此双方发生纠纷。后此案被申请提交人民调解委员会解决。人民调解委员受理了此案后并作出了调解。

调解员赵加强针对此案，在尊重法律的基础上对双方当事人作出了耐心的讲解：本纠纷涉及的是违约的赔偿范围问题，我国《合同法》对违约损害赔偿上采纳的是完全赔偿原则，即违约方应赔偿受害人因其违约行为所遭受的全部损失，包括实际损失和可得利益的损失。如我国《合同法》第一百一十三条第一款规定："当事人一方不履行合同义务或者履行合同义务不符合约定，给对方造成损失的，损失赔偿额应当相当于因违约所造成的损失，包括合同履行后可以获得的利益，但不得超过违反合同一方订立合同时预见到或者应当预见到的因违反合同可能造成的损失。"本纠纷中，出租车司机应该熟悉B市的路况并对时间、行车路线等作充分的估计。而事实上因其过错行为使洪某没有赶上签约，造成了20万元的可得利润损失。因其是出租车公司的工作人员，因此其行为的责任应由出租车公司承担，但出租车公司赔偿了洪某后，有权向该司机追偿。后由于出租车公司坚决不赔，而导致调解失败。之后，洪某向人民法院提起诉讼。

调解案件二：因无偿委托引发的合同纠纷

一家货车公司派司机吴某去上海拉货，吴某的朋友牛某得知后让他帮忙运回1吨方便面，价值4000元左右。双方言明这是朋友间的帮忙，没有报酬。吴某的车装上方便面后，在行车的过程中车篷布不慎被树枝刮破，中途又遭突降暴雨，吴某虽采取了一定的措施，但因雨太急太大，车上的方便面因严重受潮而变质。牛某要吴某赔偿全部损失，吴某认为自己与牛某之间明显是无偿的委托合同关系，且方便面装车后，吴某采取措施用车篷布将车盖好，只是路上车布被树枝划破，中途又遭遇暴雨才致使方便面受损。况且，自己发现此情形后，还积极采取了措施，因此不需要赔偿牛某的损失。由此，二人发生纠纷。后此案被申请提交人民调解委员会解决。人民调解委员受理了此案后并作出了调解。

调解员杜宝玉在了解此案的基本事实后，耐心地向双方当事人讲解了此案所涉及的法律问题。根据我国《合同法》第四百零六条第一款规定："有偿的委托合同，因受托人的过错给委托人造成损失的，委托人可以要求赔偿损失。无偿的委托合同，因受托人的故意或者重大过失给委托人造成损失的，委托人可以要求赔偿损失。"由此可见，无偿的委托合同，只有在受托人故意或者重大过失的情况下给委托人造成损失的，委托人才可以请求损害赔偿。本纠纷中，吴某与牛某之间明显是无偿的委托合同关系，且方便面装车后，吴某采取措施用车篷布将车盖好，只是路上车布被树枝划破，中途又遭遇暴雨才致使方便面受损。吴某发现此情形后，还积极采取了措施，显然，吴某不存在故意或者重大过失，因此不需要赔偿牛某的损失。最后，调解成功，双方当事人达成口头协调协议，牛某不再要求吴某赔偿损失。

调解案件三：因无因管理行为而引发的侵权赔偿纠纷

村民纪某在麦场收麦时突然下起大雨，忙将自家麦堆盖上。后发现麦场上还有一家麦堆被雨水淋着无人管。为了防止造成更大的损失，纪某便将麦堆盖起。第二天，纪某让自己的儿子去将盖麦堆的雨布掀开，但忘记了告诉儿子将另一堆麦子的雨布也掀开。几天后，未掀雨布的小麦发芽了。原来这堆小麦是村民夏某的，夏某因急事去了县城几天，导致小麦无人看管。夏某看着发了芽的小麦伤心痛哭，要求纪某赔偿其损失。纪某认为自己是出于好心，即使造成了损失也不应赔偿。由此，二人发生纠纷。后此案由人民调解委员会在征求了双方当事人的意见后主动进行了调解。

调解员李健首先找到纪某，肯定了纪某助人为乐的精神，并告诉纪某，他出于好心为夏某照看小麦的行为在法律上属于无因管理行为，无因管理是未受他人之托，没有法律义务而帮他人管理他人的事务，这一行为是值得肯定的，而且假如自己为此而支付了一定的金钱，还可以向夏某讨回。但是，好事应该做到底，否则就有可能变成坏事。由于他在第二天却忘记告诉自己的儿子将夏某的小麦掀开，导致小麦长芽，显然没有尽到管理人的妥善管理的义务，从而使夏家遭受损失。如果按照法律的规定，他应当对夏某的损失承担一定的赔偿责任。因为根据法律的相关规定（如我国《侵权责任法》第六条第二款："根据法律规定推定行为人有过错，行为人不能证明自己没有过错的，应当承担侵权责任。"）纪某说自己也为自己的粗心大意而后悔，使夏家遭受了损失他也很难过，但他也是由于好意，而且如果全部让他来赔偿，自己家经济上也承受不起，但愿意赔偿一部分。

调解员李健又找到了夏某，向他说明，其实如果不是纪某好心帮他把麦子盖上，麦子就会被雨淋透，那时他家也许会遭受更大的损失。纪某本来可以不管他家的事，但他管了，无论如何夏某应该对此表示感谢。至于后来忘了打开，属于一时疏忽，这也算人之常情，如果他家的全部损失都由纪某承担，的确有些不公平。夏某想到平日与纪某关系不错，也意识到纪某是为了自己的利益才去"无因管理"的，因此，表示让纪某无论多少赔点就行了。最终，二人和好，调解成功。

1. 人民调解记录格式参考

人民调解记录

时　　间＿＿＿＿＿＿＿＿＿＿＿＿

地　　点＿＿＿＿＿＿＿＿＿＿＿＿

当事人＿＿＿＿＿＿＿＿＿＿＿＿＿

参加人＿＿＿＿＿＿＿＿＿＿＿＿＿

人民调解委员会已将人民调解的相关规定告知各方当事人。

调解记录：＿＿＿＿＿＿＿＿＿＿＿＿＿＿＿＿＿＿＿

＿＿＿＿＿＿＿＿＿＿＿＿＿＿＿＿＿＿＿＿＿＿＿＿＿＿＿

＿＿＿＿＿＿＿＿＿＿＿＿＿＿＿＿＿＿＿＿＿＿＿＿＿＿＿

＿＿＿＿＿＿＿＿＿＿＿＿＿＿＿＿＿＿＿＿＿＿＿＿＿＿＿

调解结果：

1、调解成功；2、调解不成；3、有待继续调解

当事人（签名盖章或按指印）＿＿＿＿＿＿＿

当事人（签名盖章或按指印）＿＿＿＿＿＿＿

人　民　调　解　员（签名）＿＿＿＿＿＿＿

记　　　　录　　　人（签名）＿＿＿＿＿＿＿

＿＿＿＿＿年＿＿月＿＿日

2. 结合案例详解人民调解记录的使用

（1）首部

标题：写"人民调解记录"。

（2）时间、地点、当事人、参加人

时间、地点为调解员调解案件的时间、地点。

如在前面的调解案件一中，调解员于 2011 年 8 月 12 日对此纠纷进行调解的，这里的时间就填写"2011 年 8 月 12 日"。而地点则按调解的实际地点记录。

"当事人"栏应列明到场的全部当事人。

"参加人"栏指接受人民调解委员邀请参与调解的人员。

如在前面的调解案件三中，双方当事人为纪某和夏某，要将他们的有关情况写清楚，如姓名、性别、年龄、单位或住址。如有村委会领导作为"参加人"的，也要注明参加人是谁。

（3）告知说明

开展调解前人民调解委员会应当履行相关告知义务。一般固定格式写为：人民调解委员会已将人民调解的相关规定告知各方当事人。

如在前面的所有调解案件中，均要写明：人民调解委员会已将人民调解的相关规定告知各方当事人。

（4）调解记录

该部分是整个文书的重点，即中心部分。其内容即为调解员对当事人进行说服教育、疏导规劝，促使当事人达成协议的过程的文字记录。在记录时，一定要实事求是，客观真实。此外还要注意抓住重点，作到整洁、简练。

如在前面的调解案件二中，除了要将各方的请求和理由写清楚外，要着重将调解员如何对双方进行疏导规劝写清楚，如对纠纷的性质、当事人的过错进行的法律分析等等。

如下文所示：

调解记录：对于牛某请求吴某赔偿货物损失一案，申请人牛某认为：货物的损失是吴某在运输的过程中发生的，就应该由吴某来承担责任。而被申请人吴某则认为：自己在出车前已经采取措施用车篷布将车盖好，只是路上车布被树枝划破，中途又遭遇暴雨才致使货物受损。况且，自己发现此情形后，还积极采取了措施，因此不需要赔偿牛某的损失。

在对此案的调解过程中，调解员杜宝玉在尊重法律的基础上对双方当事人作出了耐心的讲解：吴某与牛某之间的委托合同属于无偿委托合同。根据《合同法》第四百零六条的规定，无偿的委托合同，只有在受托人故意或者重大过失的情况下给委托人造成损失的，委托人才可以请求损害赔偿。吴某在方便面装车后，采取了措施用车篷布将车盖好，只是路上车布被树枝划破，中途又遭遇暴雨才致使方便面受损。吴某发现此情形后，还积极采取了措施，显然，吴某不存在故意或者重大过失，因此不需要赔偿牛某的损失。

（5）调解结果

调解结果即为对案件的处理结果。一般存在调解成功、调解不成、有待继续调解三种情形。在制作记录时，可以在"调解结果"栏直接选择对应项打"√"。

（6）尾部

人民调解记录经当事人校阅或向当事人宣读后，由当事人、调解员、记录人签名。其中，当事人为自然人的，签名后要按手印；当事人为法人的，要加盖法人章。最后都要标注日期。

如在前面的调解案件二中，当事人双方为吴某与牛某，均为自然人，直接签名按手印即可。但调解案件一中，涉及了一方当事人是出租车公司，即法人，除了要企业法人签名外，还要加盖法人章。

3. 人民调解记录范例（以上述调解案件三为例）

人民调解记录

时　　间　XXXX 年 XX 月 XX 日

地　　点　XX 县 XX 乡 XX 调解委员会

当事人　纪某，男，28 岁，现住 XX 县 XX 乡 XX 村 XX 号

　　夏某，男，38岁，现住XX县XX乡XX村XX号

参加人 张某，XX村村委会委员

　　人民调解委员会已将人民调解的相关规定告知各方当事人。

　　调解记录：对于夏某请求纪某赔偿他家小麦损失一案，申请人夏某认为：即使是纪某出于好心，将自己的小麦盖上，但好事也要做到底，而不应该不负责任，忘记将雨布掀开，否则，造成的损失就应该由纪某承担。而被申请人纪某则认为：自己是出于好心，即使造成了损失也不应赔偿。

　　在对此案的调解过程中，调解员李健在尊重法律的基础上对双方当事人作出了耐心的讲解：纪某出于好心为夏某照看小麦的行为在法律上属于无因管理行为。无因管理是未受他人之托，没有法律义务而帮他人管理他人的事务。这一行为值得肯定，但在第二天却忘记告诉自己的儿子将小麦掀开，导致小麦长芽，显然没有尽到管理人的妥善管理的义务，从而使夏家遭受损失。《中华人民共和国侵权责任法》第六条第二款规定："根据法律规定推定行为人有过错，行为人不能证明自己没有过错的，应当承担侵权责任。"由此，纪某应当对夏某的损失承担一定的赔偿责任。但至于赔多少，双方可以友好协商，毕竟都是同村人。

　　调解结果：

　　√1、调解成功；2、调解不成；3、有待继续调解。

　　当事人（签名盖章或按指印）纪某（按指印）

　　当事人（签名盖章或按指印）夏某（按指印）

　　人 民 调 解 员（签名）李健

　　记　　录　　人（签名）刘燕

XXXX年XX月XX日

4. 文书制作提醒

（1）"当事人"栏应列明到场的全部当事人，不能只列某一个当事人。

（2）"参加人"栏指接受人民调解委员会邀请参与调解的人员。人民调解员根据调解纠纷的需要，在征得当事人的同意后，可以邀请当事人的亲属、邻里、同事等参与调解，也可以邀请具有专门知识、特定经验的人员或者有关社会组织的人员参与调解。凡是参加调解的人员，都应当列明。

5. 人民调解记录小知识现场咨询

☞ 调解员：对纠纷进行调解的时候，应当怎样进行呢？

解答员：调解纠纷应当在调查核实纠纷情况、分清是非的基础上，充分说理、耐心疏导、消除隔阂、互谅互让，帮助当事人自愿达成协议。此外，调解纠纷应当确定调解主持人，遵守回避规定，拟定调解方案，依据调解程序进行。

☞ 调解员：常用的调解方法有哪些呢？

解答员：在调解纠纷时，应根据不同的情况，选择不同的调解方法，常用的调解方法有：（1）要以关心爱护的态度，疏导说理的方式，循循善诱的言语，苦口婆心启发当事人的思想觉悟。（2）要善于适用法律条文、政策规定和优良的传统教育当事人，提高他们的思想认识、道德观念。（3）要善于利用当事人社会关系中的积极力量来帮助说服当事人。（4）要善于倾听双方当事人的意见，不可先入为主，偏听偏信。（5）要善于调查研究，查清事实真相，找出纠纷的原因、争执的焦点和纠纷中的关键人物。（6）要善于把说服劝导工作和解决实际问题结合起来。（7）要善于抓典型人、典型事，解决一件，教育一片。（8）要善于适时回访，巩固调解成果。（9）凡是涉及两个单位群众之间发生的纠纷，调解组织必须共同协商解决。（10）要善于总结经验，推广经验。[2]

☞ 调解员：一个纠纷，只能由一名调解员调解吗？

解答员：不是的。一个案子可以由一名或者数名人民调解员进行调解。

---

2. 来源于增城市普法网：人民调解手册。

☞ 调解员：调解员是由调解委员会指派的吗？

解答员：不一定。人民调解委员会根据调解纠纷的需要，可以指定一名或者数名人民调解员进行调解，也可以由当事人选择一名或者数名人民调解员进行调解。

☞ 调解员：人民调解委员会调解纠纷，一般在哪进行？

解答员：人民调解委员会调解纠纷，一般在专门设置的调解场所进行，根据需要也可以在便利当事人的其他场所进行。

☞ 调解员：人民调解委员会调解纠纷，应当公开吗？

解答员：人民调解委员会调解纠纷，根据需要可以公开进行，允许当事人的亲属、邻里和当地（本单位）群众旁听。但是涉及当事人的隐私、商业秘密或者当事人表示反对的除外。

☞ 调解员：人民调解委员会调解纠纷，有时间限制吗？

解答员：人民调解委员会调解纠纷，一般在一个月内调结。

☞ 调解员：人民调解员在调解纠纷过程中，发现纠纷可能涉及刑事案件的，怎么办？

解答员：人民调解员在调解纠纷过程中，对有可能引起治安案件、刑事案件的纠纷，应当及时向当地公安机关或者其他有关部门报告。此外，如果发现纠纷有可能激化的，应当采取有针对性的预防措施。

☞ 调解员：人民调解员调解纠纷，调解不成的，怎么处理？

解答员：人民调解员调解纠纷，调解不成的，应当终止调解，并依据有关法律、法规的规定，告知当事人可以依法通过诉讼、仲裁、行政等途径维护自己的权利。

☞ 调解员：调解员在调解纠纷时，要注意哪些纪律规定？

解答员：调解员在调解纠纷的过程中，不得徇私舞弊，不得压制打击、报复、侮辱、处罚当事人，不得泄露当事人的隐私，不得接受吃请和送礼。

6. 相关法条链接

《中华人民共和国人民调解法》

第十五条 人民调解员在调解工作中有下列行为之一的，由其所在的人民调解委员会给予批评教育、责令改正，情节严重的，由推选或者聘任单位予以罢免或者解聘：

（一）偏袒一方当事人的；

（二）侮辱当事人的；

（三）索取、收受财物或者牟取其他不正当利益的；

（四）泄露当事人的个人隐私、商业秘密的。

第十九条 人民调解委员会根据调解纠纷的需要，可以指定一名或者数名人民调解员进行调解，也可以由当事人选择一名或者数名人民调解员进行调解。

第二十条 人民调解员根据调解纠纷的需要，在征得当事人的同意后，可以邀请当事人的亲属、邻里、同事等参与调解，也可以邀请具有专门知识、特定经验的人员或者有关社会组织的人员参与调解。

人民调解委员会支持当地公道正派、热心调解、群众认可的社会人士参与调解。

第二十一条 人民调解员调解民间纠纷，应当坚持原则，明法析理，主持公道。

调解民间纠纷，应当及时、就地进行，防止矛盾激化。

第二十二条 人民调解员根据纠纷的不同情况，可以采取多种方式调解民间纠纷，充分听取当事人的陈述，讲解有关法律、法规和国家政策，耐心疏导，在当事人平等协商、互谅互让的基础上提出纠纷解决方案，帮助当事人自愿达成调解协议。

第二十三条 当事人在人民调解活动中享有下列权利：

（一）选择或者接受人民调解员；

（二）接受调解、拒绝调解或者要求终止调解；

（三）要求调解公开进行或者不公开进行；

（四）自主表达意愿、自愿达成调解协议。

第二十四条 当事人在人民调解活动中履行下列义务：

（一）如实陈述纠纷事实；

（二）遵守调解现场秩序，尊重人民调解员；

（三）尊重对方当事人行使权利。

第二十五条　人民调解员在调解纠纷过程中，发现纠纷有可能激化的，应当采取有针对性的预防措施；对有可能引起治安案件、刑事案件的纠纷，应当及时向当地公安机关或者其他有关部门报告。

第二十六条　人民调解员调解纠纷，调解不成的，应当终止调解，并依据有关法律、法规的规定，告知当事人可以依作法、仲裁、行政等途径维护自己的权利。

第二十七条　人民调解员应当记录调解情况。人民调解委员会应当建立调解工作档案，将调解登记、调解工作记录、调解协议书等材料立卷归档。

《人民调解工作若干规定》

第二十八条　人民调解委员会调解纠纷，一般在专门设置的调解场所进行，根据需要也可以在便利当事人的其他场所进行。

第二十九条　人民调解委员会调解纠纷，根据需要可以公开进行，允许当事人的亲属、邻里和当地（本单位）群众旁听。但是涉及当事人的隐私、商业秘密或者当事人表示反对的除外。

第三十条　人民调解委员会调解纠纷，在调解前应当以口头或者书面形式告知当事人人民调解的性质、原则和效力，以及当事人在调解活动中享有的权利和承担的义务。

第三十一条　人民调解委员会调解纠纷，应当在查明事实、分清责任的基础上，根据当事人的特点和纠纷性质、难易程度、发展变化的情况，采取灵活多样的方式方法，开展耐心、细致的说服疏导工作，促使双方当事人互谅互让，消除隔阂，引导、帮助当事人达成解决纠纷的调解协议。

第三十二条　人民调解委员会调解纠纷，应当密切注意纠纷激化的苗头，通过调解活动防止纠纷激化。

第三十三条　人民调解委员会调解纠纷，一般在一个月内调结。

调解案件一涉及法条：

《中华人民共和国合同法》

第一百一十三条第一款　当事人一方不履行合同义务或者履行合

同义务不符合约定，给对方造成损失的，损失赔偿额应当相当于因违约所造成的损失，包括合同履行后可以获得的利益，但不得超过违反合同一方订立合同时预见到或者应当预见到的因违反合同可能造成的损失。

调解案件二涉及法条：

《中华人民共和国合同法》

第四百零六条第一款　有偿的委托合同，因受托人的过错给委托人造成损失的，委托人可以要求赔偿损失。无偿的委托合同，因受托人的故意或者重大过失给委托人造成损失的，委托人可以要求赔偿损失。

调解案件三涉及法条：

《中华人民共和国侵权责任法》

第六条第二款　根据法律规定推定行为人有过错，行为人不能证明自己没有过错的，应当承担侵权责任。

（七）人民调解协议书

人民调解协议书是人民调解委员会调解民间纠纷，双方当事人达成调解协议的书面证明。通俗地讲，人民调解协议书即是人民调解协议的书面形式。所谓人民调解协议，是纠纷当事人依照国家的法律、法规、规章、政策和社会主义道德，在查清事实、分清责任的基础上，在人民调解委员会的主持下，通过平等协商、互相谅解，对纠纷的解决自愿达成的一致意见。人民调解协议有口头协议和书面协议两种方式。书面协议即表现为人民调解协议书。

下面，我们通过几个例子对人民调解协议书的使用以及其他相关知识予以说明。

调解案件一：因约定违约金而引发的合同纠纷

甲与乙签订买卖合同，双方约定，任何一方违约都要向对方支付3万元违约金。后来甲违约，给乙造成了实际经济损失2.5万元。甲只答应赔偿乙的实际损失，而乙坚持要甲按照双方约定的违约金数额进行赔偿。双方达不成一致意见，遂发生纠纷。后此案被申请提交人民调解委员会解决。人民调解委员受理此案后并作出了调解。最后，双方当事人达成调解书面协议。

在对此案的调解过程中，调解员吴群义重点向双方当事人讲解了《合同法》中，如何选择适用违约金与损害赔偿金的问题。根据我国《合同法》第一百一十四条的规定，本纠纷可以按照违约金的数额来进行赔偿。违约金是指合同当事人完全不履行或不适当履行债务时，必须按约定给付他方的一定数额的金钱。它的支付数额是"根据违约情况"确定的，如果当事人约定的违约金的数额低于违约造成的损失的，当事人可以请求人民法院或仲裁机构予以适当增加，以使违约金与实际损失大体相当；而只有当违约金"过分高于"实际损失时，才可以由人民法院或仲裁机构予以适当减少。本纠纷中，违约金比实际损失多了 5000 元，称不上"过分高于实际损失"，因此应该按照违约金的数额来进行赔偿。

经过吴某的讲解，甲知道自己理亏，而且乙要求按违约金赔偿也是符合法律规定的，于是同意按双方约定的违约金即 3 万元来对乙进行赔偿。

调解案件二：因人身伤害而引发的侵权赔偿纠纷

高某回家途中看到邻居方某与路边卖水果的小贩发生争执，就上前劝架。后来，小贩抄刀要砍方某，情急之下高某上前推了方某一下，结果方某躲过一劫，刀却砍在了他的手上。小贩见势不妙，扔下刀跑了。高某看病花了 5000 多元，高某根本没法找到那个砍伤自己的小贩，但被"救"的方某是认识的。于是，高某让方某承担自己的部分医药费，可是方某却认为与自己无关，拒绝承担部分医药费。由此，二人发生纠纷。后此案被申请提交人民调解委员会解决。人民调解委员受理此案后并作出了调解。

在对此案的调解过程中，调解员李勇在尊重法律的基础上对双方当事人作出了耐心的讲解：高某出于好心劝架，又因保护方某而受伤，如今侵权人小贩已经杳无踪影，如果高某的医药费全部由自己掏，于情于理都不公平。况且，我国《侵权责任法》第二十三条规定："因防止、制止他人民事权益被侵害而使自己受到损害的，由侵权人承担责任。侵权人逃逸或者无力承担责任，被侵权人请求补偿的，受益人应当给予适当补偿。"由此，方某应当分担一部分医药费，作为补偿。最后，双方当事人达成调解书面协议：方某自愿承担60％医药费，共计人民币3000元；高某自己承担医药费2000元。后经人民调解委员会回访得知调解协议履行良好。

调解案件三：因人身伤害而引发的侵权赔偿纠纷

小学生刘某在星期天义务为孤寡老人张大爷擦玻璃的过程中不慎从窗台上掉了下去，导致其左臂摔伤，并为此花去医疗费用1000元。刘某家长认为孩子是在帮张大爷做好事时摔伤，张大爷应承担一部分医疗费，而张大爷则认为孩子摔伤是自己不小心造成的，应当由他们自己负责。双方协商未果。后此案被申请提交人民调解委员会解决，人民调解委员受理此案后作出了调解。

在对此案的调解过程中，调解员周洪波本着公平合理、不激化矛盾的原则，向当事人普及了民法中"公平责任"的法律知识。他向当事人说明，法律是讲公平的，本案就是"公平责任"原则的体现。所谓公平责任，是指当事人对造成损害都没有过错的，可以根据实际情况，由当事人分担民事责任。相关的法条为《民法通则》第一百三十二条："当事人对造成损害都没有过错的，可以根据实际情况，由当事人分担民事责任。"在本纠纷中，很显然双方都没有过错，但确实发生了损害结果，所以应当按照公平责任原则承担民事责任。对于张大爷而言，鉴于他是受益人，如果经济条件许可，最好能够分担一部分刘某的医药费。而对于刘某而言，做好事无疑是值得肯定的，但自己也要小心，免得在此过程中遭受伤害，否则好事就变成了坏事。由于张大爷是孤寡老人，也没有多少积蓄，加上刘某的医药费1000元也不是太大的数目，调解员建议由张大爷象征性地出20％，其他由刘某家里自负。张大爷与刘某家长都表示接受此方案，双方为此签订了调解协议书。

调解案件四：因拾得丢弃物品而引发的邻里纠纷

张某发现自己的手表坏了，认为没有修的价值，便将其扔进了垃圾箱。恰好邻居方某从此路过，并将张某扔掉的手表捡回。方某将手表捡回后到手表维修处修好后自己使用。张某知道后，便向方某索要，并称自己当时不知表还能修好才将其扔掉，现在后悔了。方某不同意归还，遂发生纠纷。后此案被申请提交人民调解委员会解决。人民调解委员受理此案后作出了调解。最后，双方当事人达成调解书面协议。张某认可了自己对表的所有权的丧失，于是不再追要表了。

在对此案的调解过程中，调解员杨如意在尊重法律的基础上对双方当事人作出了耐心的讲解：此纠纷涉及的法律关系属于意思表示的范围。意思表示是行为人把进行某一民事法律行为的内心效果意思，以一定的方式表达于外部的行为。也就是说，张某将手表扔进垃圾箱，依据一般的社会观念可以推定其行为是表示他不要这块手表了，符合默示意思表示形式中的推定，所以张某自完成这一行为时，便丧失了对于该手表的所有权，不能再向拾到者索回。

调解案件五：因履行时间而引发的合同纠纷

柳某因儿子结婚盖房及打家具，要向某木材加工厂订购200立方米木材，并签订了买卖合同。因木材加工厂为大型加工厂，长年生产货源丰富，所以对提货时间约定得较为宽松，"提货人近期提货"。合同签定后10天，柳某到木材加工厂提取木材，木材加工厂称，刚给市的一个大客户发送一大批木材，工厂刚刚断货，请他过一个星期再来提取。柳某认为合同中约定，"提货人近期提货"，那么他就有权随时来提取木材，木材加工厂也必须立即交出木材。双方商议不下，遂发生纠纷。后此案被申请提交人民调解委员会解决。人民调解委员会受理了此案。

在对此案的调解过程中，调解员杨某在尊重法律的基础上对双方当事人作出了耐心的讲解：柳某与木材加工厂对交付木材的合同履行时间约定不明，仅以"提货人近期提货"加以规定。但是柳某依据合同，要求木材加工厂随时提供货物，加工厂必须立即交出木材，这是不符合法律规定的。我国《合同法》第六十二条第四款对合同履行期限没有明确约定，合同生效后又没有其他约定的情形作了规定："履行期限不明确的，债务人可以随时履行，债权人也可以随时要求履行，但应当给对方必要的准备时间。"柳某在合同生效后可以随时要求木材加工厂履行，但是应该给木材加工厂一定的准备时间，不能要求其立即提供买卖合同中的标的物——木材。现在柳某要求木材厂随时交出木材而不给其一定的准备时间，既不符合情理，也不符合法律。

最后在杨某的劝说及开导下，双方当事人达成调解书面协议，柳某愿意给木材加工厂一定的准备时间，以便其继续履行合同。

1. 人民调解协议书格式参考

人民调解协议书

编号：_____

当事人姓名_____性别_____民族_____年龄_____

职业或职务_____联系方式_____

单位或住址_____

当事人姓名_____性别_____民族_____年龄_____

职业或职务_____联系方式_____

单位或住址_____

纠纷主要事实、争议事项：_____

_____

_____

经调解，自愿达成如下协议：_____

_____

_____

履行方式、时限：_____

本协议一式_____份，当事人、人民调解委员会各持一份。

当事人（签名盖章或按指印）____　人民调解员（签名）____

当事人（签名盖章或按指印）____　记录人（签名）____

（人民调解委员会印章）

_____年_____月_____日

2. 结合案例详解人民调解协议书的使用

（1）首部

标题写"人民调解协议书"。

"编号"按照有关规定或者各人民调解委员会自定的办法填写。

（2）当事人情况

当事人为自然人的，应当填写当事人的姓名、性别、民族、年龄、职业、单位或住址、联系方式等；当事人为法人或社会组织的，应当填写法定代表人的姓名、性别、民族、年龄、联系方式、职务，"单位或住址"栏填写法人或社会组织的地址。此外，如果纠纷涉及三方以上当事人，另加附页载明其他当事人的基本情况。

对于当事人是自然人的情形，如在前面的调解案件二中，当事人情况可写为：

当事人姓名　高某　性别　男　民族　汉族　年龄　30 岁

职业或职务　教师　联系方式　137XXXXXXXX

单位或住址　XX 市 XX 区 XX 路 XX 号

当事人姓名　方某　性别　男　民族　汉族　年龄　34 岁

职业或职务　自由职业　联系方式　137XXXXXXXX

单位或住址　XX 市 XX 区 XX 路 XX 号

对于一方当事人是法人的情形，如在前面的调解案件五中，当事人情况可写为：

当事人姓名　赵某　性别　男　民族　汉族　年龄　38 岁

职业或职务　XX 木材加工厂法定代表人　联系方式　137XXXXXXXX

单位或住址　XX 市 XX 区 XX 路 XX 号

当事人姓名　柳某　性别　男　民族　汉族　年龄　35 岁

职业或职务　农民　联系方式　137XXXXXXXX

单位或住址　XX 市 XX 区 XX 乡 XX 村

（3）纠纷主要事实、争议事项

"纠纷主要事实、争议事项"栏应载明纠纷简要事实（即当事人双方产生纠纷的主要原因、过程），争议事项及各方请求，填写内容较多时，可附页。

如在前面的调解案件一中，当事人双方产生纠纷的主要原因为按照什么标准来赔偿损失的问题。此问题也可看作是争议事项。具体可写为：

XX 年 X 月 X 日，甲与乙签订买卖合同，双方在合同中约定，任何一方违约都要向对方支付 3 万元违约金。后来甲违约，给乙造成了实际经济损失 2.5 万元。乙要求甲按合同约定赔偿其 3 万元违约金，而甲只答应赔偿乙的实际损失即 2.5 万元。双方达不成一致意见，遂发生纠纷。

又如在前面的调解案件三中，当事人之间纠纷主要事实与争议项可照此填写：

小学生刘某在星期天义务为孤寡老人张大爷擦玻璃的过程中不慎从窗台上掉了下去，导致其左臂摔伤，并为此花去医疗费用 1000 元。刘某家长认为孩子是在帮张大爷做好事时摔伤，张大爷应承担一部分医疗费，而张大爷则认为孩子摔伤是自己不小心造成的，应当由他们自己负责。

对于请求，例如在前面的调解案件一的"纠纷主要事实、争议事项"一栏中的"乙要求甲按合同约定赔偿其 3 万元违约金，而甲只答应赔偿乙的实际损失即 2.5 万元。"即是双方各自的请求。

（4）所达成协议的内容

协议内容应是双方当事人真实的意思表示，且不违反法律、法规的强制性规定和社会公共利益。"协议"栏应载明各当事人的权利义务，要明确具体，不能模棱两可，填写内容较多时，可附页。

如前面调解案件一中，可写为：

经调解，自愿达成如下协议：甲按合同约定的违约金 3 万元向乙承担违约责任。

前面调解案件三中，可写为：

经调解，自愿达成如下协议：张大爷承担刘某 20% 的医药费，即 200 元，其余 800 元由刘某父母自行承担。

调解案件四中，可写为：

经调解，自愿达成如下协议：张某认可，自己之所以把表扔了是因为自己不想要那只表了，方某将自己原本不想要的表捡去，并为其支付了修理费用，这表属于方某所有，自己不再向方某讨要了。

调解案件五中，可写为：

经调解，自愿达成如下协议：柳某愿给木材加工厂 10 天的准备时间，10 天后柳某到木材厂提取木材。木材厂保证 10 天后按约定交付木材。

（5）履行协议方式、时限

履行协议方式、时限也是由当事人协商确立，或者是在当事人自愿的情况下，调解员建议确立。至于采取什么样的履行方式，什么时间履行，要根据具体情况填写。

如在前面的调解案件四中，当事人达成调解协议，张某认可了自己对表的所有权的丧失，于是不再追要表了。那么，履行协议方式就是不作为，即不再追要。履行时限为即刻履行。

而履行协议方式大部分还是需要作为的。如在前面的调解案件二中，方某交付人民币 3000 元给高某，可为现金交付。履行时限为 XXXX 年 XX 月 XX 日至 XXXX 年 XX 月 XX 日。

（6）协议书数量

一般写为：本协议一式_____份，当事人、人民调解委员会各持一份。

如为双方当事人的，写为：本协议一式三份，当事人、人民调解委员会各持一份。如为三方当事人的，写为：本协议一式四份，当事人、人民调解委员会各持一份。

（7）尾部

人民调解协议书必须由纠纷各方当事人签名或盖章，人民调解员签名，加盖人民调解委员会印章，并明确填写日期。其中，当事人为自然人的，签名后要按手印；当事人为法人的，要加盖法人章。

如在前面的调解案件二中，当事人双方为高某与方某，均为自然人，直接签名按手印即可。但调解案件五中，作为法人的一方当事人，即"木材加工厂"，除了要由法人签名外，还要加盖法人章。

3. 人民调解协议书范例（以上述调解案件二为例）

人民调解协议书

编号 X 民调字（2011）02 号

　　当事人姓名　<u>高某</u>　　性别　<u>男</u>　　民族　<u>汉族</u>　　年龄 <u>30</u> 岁
职业或职务　<u>教师</u>　　联系方式：　<u>137XXXXXXXX</u>
单位或住址：　<u>XX 市 XX 区 XX 路 XX 号</u>

　　当事人姓名　<u>方某</u>　　性别　<u>男</u>　　民族　<u>汉族</u>　　年龄 <u>34</u> 岁
职业或职务　<u>自由职业</u>　　联系方式：<u>137XXXXXXXX</u>
单位或住址　<u>现住 XX 市 XX 区 XX 路 XX 号</u>

　　纠纷主要事实、争议事项：<u>XXXX 年 XX 月 XX 日 XX 时许，方某</u>
<u>与路边卖水果的小贩发生争执，高某上前劝架。小贩抄刀要砍方某，</u>
<u>情急之下高某上前推了方某一下，结果方某躲过一劫，刀却砍在了高</u>
<u>某的手上。小贩见势不妙，扔下刀跑了。高某因此花去医药费 5000 多</u>
<u>元，因无法找到小贩，高某让方某承担自己的部分医药费，可是方某</u>
<u>却认为与自己无关，拒绝承担。</u>

　　经调解，自愿达成如下协议：<u>一、因高某受伤是在保护方某的情</u>
<u>况下发生的，在侵权人小贩找不到的情况下，方某自愿承担 60% 医药</u>
<u>费，共计人民币 3000 元。</u>

<u>二、高某自己承担医药费 2000 元。</u>

　　履行方式、时限：<u>方某应于 XXXX 年 XX 月 XX 日至 XXXX 年</u>
<u>XX 月 XX 日，交付人民币 3000 元（现金）给高某。</u>

　　本协议一式三份，当事人、人民调解委员会各持一份。
当事人（签名盖章或按指印）高某（按指印）　人民调解员（签名）李勇
当事人（签名盖章或按指印）方某（按指印）　记　录　人（签名）周冰雨

（人民调解委员会印章）
XXXX 年 XX 月 XX 日

4. 文书制作提醒

在制作调解协议时，应避免使用过于激烈或尖锐的语言，并且使当事人都能够接受。因为只有这样，才能起到更好地疏导矛盾纠纷，化解纷争的作用，从而实现人民调解的目的。

5. 人民调解协议书小知识现场咨询

☞ 调解员：调解协议书可以载明哪些事项？

解答员：调解协议书可以载明下列事项：（1）当事人的基本情况；（2）纠纷的主要事实、争议事项以及各方当事人的责任；（3）当事人达成调解协议的内容，履行的方式、期限、协议份数。此外，还要有各方当事人签名、盖章或者按指印。

☞ 调解员：当事人达成调解协议后，我们调解委员会还需要做什么呢？

解答员：当事人达成调解协议后，人民调解委员会应当对调解协议的履行情况进行监督，督促当事人履行约定的义务。

☞ 调解员：当事人不履行调解协议或者达成协议后又反悔的，我们调解委员会应当怎么处理？

解答员：当事人无正当理由不履行调解协议的，应当做好当事人的工作，督促其履行。而当事人不履行调解协议并提出协议内容不当，或者人民调解委员会发现协议内容不当的，应当在征得双方当事人同意后，经再次调解变更原协议内容，或者撤销原协议，达成新的调解协议。此外，对经督促仍不履行人民调解协议的，应当告知当事人可以请求基层人民政府处理，也可以就调解协议的履行、变更、撤销向人民法院起诉。

☞ 调解员：当事人反悔后，向法院起诉的，我们需要做什么？

解答员：对当事人因对方不履行调解协议或者达成协议后又后悔，起诉到人民法院的民事案件，原承办该纠纷调解的人民调解委员会应当配合人民法院对该案件的审判工作。

☞ 调解员：调解协议书什么时候生效？

解答员：调解协议书自各方当事人签名、盖章或者按指印，人民调解员签名并加盖人民调解委员会印章之日起生效。

☞ 当事人：调解协议书具有法律效力吗？

解答员：经各方当事人签名、盖章或者按指印，人民调解员签名并加盖人民调解委员会印章的调解协议书具有法律效力，即经人民调解委员会调解达成的调解协议具有法律约束力，当事人应当按照约定履行。

☞ 当事人：当事人可以就调解协议申请司法确认吗？

解答员：可以的。经人民调解委员会调解达成调解协议后，双方当事人认为有必要的，可以自调解协议生效之日起三十日内共同向人民法院申请司法确认，人民法院应当及时对调解协议进行审查，依法确认调解协议的效力。

☞ 当事人：当事人就调解协议申请司法确认，应向哪个法院提出？

解答员：当事人申请确认调解协议的，由主持调解的人民调解委员会所在地基层人民法院或者它派出的法庭管辖。此外，对于人民法院在立案前委派人民调解委员会调解并达成调解协议，当事人申请司法确认的，由委派的人民法院管辖。

☞ 当事人：当事人就调解协议申请司法确认，要提交哪些材料？

解答员：当事人申请确认调解协议，应当向人民法院提交司法确认申请书、调解协议和身份证明、资格证明，以及与调解协议相关的财产权利证明等证明材料，并提供双方当事人的送达地址、电话号码等联系方式。委托他人代为申请的，必须向人民法院提交由委托人签名或者盖章的授权委托书。

☞ 当事人：申请确认调解协议，具有哪些情形的，法院不会受理？

解答员：当事人申请确认调解协议，有下列情形之一的，人民法院不予受理：（1）不属于人民法院受理民事案件的范围或者不属于接受申请的人民法院管辖的；（2）确认身份关系的；（3）确认收养关系的；（4）确认婚姻关系的。

☞ 当事人：申请确认调解协议，具有哪些情形的，法院会不予确认调解协议的效力？

解答员：当事人申请确认调解协议，具有下列情形之一的，人民法院不予确认调解协议效力：（1）违反法律、行政法规强制性规定的；（2）侵害国家利益、社会公共利益的；（3）侵害案外人合法权益的；（4）损害社会公序良俗的；（5）内容不明确，无法确认的；（6）其他不能进行司法确认的情形。

☞ 当事人：法院确认调解协议有效后，可以申请强制执行吗？

解答员：人民法院依法作出确认决定后，一方当事人拒绝履行或者未全部履行的，对方当事人可以向作出确认决定的人民法院申请强制执行。

☞ 当事人：法院确认调解协议无效的，当事人可以怎么办？

解答员：人民法院依法确认调解协议无效的，当事人可以通过人民调解方式变更原调解协议或者达成新的调解协议，也可以向人民法院提起诉讼。

☞ 当事人：申请确认调解协议，收费吗？

解答员：人民法院办理人民调解协议司法确认案件，不收取费用。

6. 相关法条链接

《中华人民共和国人民调解法》

第二十七条　人民调解员应当记录调解情况。人民调解委员会应当建立调解工作档案，将调解登记、调解工作记录、调解协议书等材料立卷归档。

第二十八条　经人民调解委员会调解达成调解协议的，可以制作调解协议书。当事人认为无需制作调解协议书的，可以采取口头协议方式，人民调解员应当记录协议内容。

第二十九条　调解协议书可以载明下列事项：

（一）当事人的基本情况；

（二）纠纷的主要事实、争议事项以及各方当事人的责任；

（三）当事人达成调解协议的内容，履行的方式、期限。

调解协议书自各方当事人签名、盖章或者按指印，人民调解员签名并加盖人民调解委员会印章之日起生效。调解协议书由当事人各执一份，人民调解委员会留存一份。

第三十一条　经人民调解委员会调解达成的调解协议，具有法律约束力，当事人应当按照约定履行。

人民调解委员会应当对调解协议的履行情况进行监督，督促当事人履行约定的义务。

第三十二条　经人民调解委员会调解达成调解协议后，当事人之间就调解协议的履行或者调解协议的内容发生争议的，一方当事人可以向人民法院提起诉讼。

第三十三条　经人民调解委员会调解达成调解协议后，双方当事人认为有必要的，可以自调解协议生效之日起三十日内共同向人民法院申请司法确认，人民法院应当及时对调解协议进行审查，依法确认调解协议的效力。

人民法院依法确认调解协议有效，一方当事人拒绝履行或者未全部履行的，对方当事人可以向人民法院申请强制执行。

人民法院依法确认调解协议无效的，当事人可以通过人民调解方式变更原调解协议或者达成新的调解协议，也可以向人民法院提起诉讼。

《最高人民法院关于人民调解协议司法确认程序的若干规定》

第二条　当事人申请确认调解协议的，由主持调解的人民调解委员会所在地基层人民法院或者它派出的法庭管辖。

人民法院在立案前委派人民调解委员会调解并达成调解协议，当事人申请司法确认的，由委派的人民法院管辖。

第三条　当事人申请确认调解协议，应当向人民法院提交司法确认申请书、调解协议和身份证明、资格证明，以及与调解协议相关的财产权利证明等证明材料，并提供双方当事人的送达地址、电话号码等联系方式。委托他人代为申请的，必须向人民法院提交由委托人签名或者盖章的授权委托书。

第四条第二款　有下列情形之一的，人民法院不予受理：

（一）不属于人民法院受理民事案件的范围或者不属于接受申请的人民法院管辖的；

（二）确认身份关系的；

（三）确认收养关系的；

（四）确认婚姻关系的。

第七条　具有下列情形之一的，人民法院不予确认调解协议效力：

（一）违反法律、行政法规强制性规定的；

（二）侵害国家利益、社会公共利益的；

（三）侵害案外人合法权益的；

（四）损害社会公序良俗的；

（五）内容不明确，无法确认的；

（六）其他不能进行司法确认的情形。

第九条　人民法院依法作出确认决定后，一方当事人拒绝履行或者未全部履行的，对方当事人可以向作出确认决定的人民法院申请强制执行。

第十一条　人民法院办理人民调解协议司法确认案件，不收取费用。

《人民调解工作若干规定》

第三十七条　当事人不履行调解协议或者达成协议后又反悔的，人民调解委员会应当按下列情形分别处理：

（一）当事人无正当理由不履行协议的，应当做好当事人的工作，督促其履行；

（二）如当事人提出协议内容不当，或者人民调解委员会发现协议内容不当的，应当在征得双方当事人同意后，经再次调解变更原协议内容；或者撤销原协议，达成新的调解协议；

（三）对经督促仍不履行人民调解协议的，应当告知当事人可以请求基层人民政府处理，也可以就调解协议的履行、变更、撤销向人民法院起诉。

第三十八条 对当事人因对方不履行调解协议或者达成协议后又后悔，起诉到人民法院的民事案件，原承办该纠纷调解的人民调解委员会应当配合人民法院对该案件的审判工作。

调解案件一涉及法条：

《中华人民共和国合同法》

第一百一十四条 当事人可以约定一方违约时应当根据违约情况向对方支付一定数额的违约金，也可以约定因违约产生的损失赔偿额的计算方法。

约定的违约金低于造成的损失的，当事人可以请求人民法院或者仲裁机构予以增加；约定的违约金过分高于造成的损失的，当事人可以请求人民法院或者仲裁机构予以适当减少。

当事人就迟延履行约定违约金的，违约方支付违约金后，还应当履行债务。

调解案件二涉及法条：

《中华人民共和国侵权责任法》

第二十三条 因防止、制止他人民事权益被侵害而使自己受到损害的，由侵权人承担责任。侵权人逃逸或者无力承担责任，被侵权人请求补偿的，受益人应当给予适当补偿。

《最高人民法院关于审理人身损害赔偿案件适用法律若干问题的解释》

第十五条 为维护国家、集体或者他人的合法权益而使自己受到人身损害，因没有侵权人、不能确定侵权人或者侵权人没有赔偿能力，赔偿权利人请求受益人在受益范围内予以适当补偿的，人民法院应予支持。

调解案件三涉及法条：

《中华人民共和国民法通则》

第一百三十二条　当事人对造成损害都没有过错的，可以根据实际情况，由当事人分担民事责任。

调解案件四涉及法条：

《中华人民共和国民法通则》

第五十六条　民事法律行为可以采用书面形式、口头形式或者其他形式。法律规定用特定形式的，应当依照法律规定。

第五十七条　民事法律行为从成立时起具有法律约束力。行为人非依法律规定或者取得对方同意，不得擅自变更或者解除。

调解案件五涉及法条：

《中华人民共和国合同法》

第六十二条　当事人就有关合同内容约定不明确，依照本法第六十一条的规定仍不能确定的，适用下列规定：

……

（四）履行期限不明确的，债务人可以随时履行，债权人也可以随时要求履行，但应当给对方必要的准备时间；

……

（八）人民调解口头协议登记表

人民调解口头协议登记表是纠纷当事人达成口头协议后，人民调解委员会对口头协议主要内容的记录。我国《人民调解法》第二十八条规定："经人民调解委员会调解达成调解协议的，可以制作调解协议书。当事人认为无需制作调解协议书的，可以采取口头协议方式，人民调解员应当记录协议内容。"可见，人民调解口头协议登记表是人民调解委员会在当事人采用口头协议方式的情形下所使用的文书。需要注意的是，此表由人民调解委员会填写。

下面，我们通过几个案例对人民调解口头协议登记表使用以及其他相关知识予以说明。

调解案件一：因赠与而引发的邻里纠纷

村民老王准备到城里与儿子一起生活，便想将家中一直与自己做伴的老牛送给村民老康家。老康很高兴，让老王先养几天，自己回家盖牛棚。第二天，老王将牛拴在山坡上的一棵树上时被人偷走，再没有找回来。老康得知消息后，要求老王赔偿自己为盖牛棚所花费的木料损失。老王认为自己没有过错，不应当赔偿，遂发生纠纷。后此案被申请提交人民调解委员会解决。人民调解委员会受理此案后并作出了调解。最后，双方当事人达成口头调解协议。

在对此案的调解过程中，调解员冯建立着重就我国《合同法》关于赠与的相关规定向当事人做了耐心而细致的讲解：我国《合同法》第一百八十九条规定："因赠与人故意或者重大过失致使赠与的财产毁损、灭失的，赠与人应当承担损害赔偿责任。"本纠纷中，作为赠与人的老王，由于其行为是无偿的，其与老康之间不存在权利义务对等关系，所以，其原则上不应当承担赔偿责任。但是，当其向老康表示赠与时，两人之间的关系已经构成了一种赠与合同的法律关系。通俗来讲，如果不是老王对康某说要把牛送给他，康某就不会花钱盖牛棚；而既然老王说了要把牛送给康某，康某也表示接受并为此做了准备，老王就应该对牛尽一定的注意、保管义务。但是因老王将牛拴在树上就不管了，造成老牛丢失，其主观上确实存在重大过失。结果不但自己没法履行对康某的承诺，让康某白高兴了一场不说，这件事的的确确给康某造成了损失。所以，老王应对老康因盖牛棚而造成的损失承担赔偿责任。

最后，双方当事人达成口头调解协议：由王某赔偿康某盖牛棚所花的木料钱人民币 500 元，康某将牛棚拆除后的木料归王某所有。

调解案件二：因租赁车辆而引发的合同纠纷

王某租孙某的面包车一辆，在租赁合同中约定了租金及租用时间，同时注明：此车用于拉货，上路后时速不得超过 90 公里，否则易发交通事故。但双方未就违约事项做约定。合同签订后，王某见拉货生意不好，于是将面包车用来跑短途客运。在运营过程中，因超速而发生交通事故，面包车严重损毁。后来，双方对因此造成的损失发生纠纷。后此案被申请提交人民调解委员会解决。人民调解委员受理此案后并作出了调解。最后，双方当事人达成口头调解协议。

人民调解委员受理此案后并作出了调解。在对此案的调解过程中，调解员边有康就租赁合同的相关法律规定对当事人进行了耐心细致的讲解：我国《合同法》第二百一十七条、第二百一十九条的规定，承租人应当按照约定的方法使用租赁物，承租人未按照约定的方法或者租赁物的性质使用租赁物，致使租赁物受到损失的，出租人可以解除合同并要求赔偿损失。本纠纷中，双方就车辆的使用方法做了约定，都应当按约定履行自己的义务。但王某在实际对车的使用过程中，不但未按约定的用途使用，而且违反合同约定，超速行驶，导致损害的发生。因此，王某应赔偿因车辆损毁给孙某造成的损失。

最后在调解员的主持下，双方当事人达成口头调解协议，由王某承担赔偿孙某的损失，后经过回访，履行情况良好，双方均无异议。

调解案件三：因物品保管而引发的合同纠纷

甲与乙是同事。一日，甲因公急欲出差，来不及将笔记本电脑送回家，便委托同事乙暂时替自己代管一下，并许诺会支付乙保管费。后来，乙需要查阅一些资料，苦于家中无电脑没法上网，便私自将甲的电脑打开。乙在上网过程中遭到病毒攻击，最终导致硬盘数据丢失，无法正常使用。甲回来后将电脑拿去维修，为此花去维修费千余元。甲要求乙赔偿自己的损失，乙不肯，由此发生纠纷。此纠纷经人民调解委员会调解后，双方当事人达成口头调解协议，乙愿意赔偿甲的损失。

在对此案的调解过程中，调解员单颖淑在尊重法律的基础上，针对此案事实，本着不偏不倚的原则，就相关法律问题对双方当事人作出了耐心的讲解：我国《合同法》第三百七十二条规定："保管人不得使用或者许可第三人使用保管物，但当事人另有约定的除外。"本纠纷中，乙作为电脑的保管人，只能对其妥善保管，而不具备使用或处分保管物的其他权利。但其却在未经甲同意的情况下擅自使用，并造成了电脑损坏的事实，其本身存在过错，所以，乙应当为由此给甲造成的损失承担赔偿责任。

在调解员单颖淑的调解下，甲、乙两人达成口头协议，乙于1周之内赔偿甲修电脑的费用。

调解案件四：因装修房屋而引发的邻里纠纷

杜某、刘某、肖某比邻而居。杜某要装修房屋，向刘某提出在其院内堆放一些建材，刘某不允许。于是杜某找到肖某，请求在肖某院内堆放建材，肖某答应了。但是在施工过程中，从肖家院内往杜家院内运送建材时，必须经过刘某的院子。刘某阻拦杜家搬运建材通过他家院落，由此发生纠纷。后此案被人民调解委员会主动调解。

在对此案的调解过程中，调解员胡斌从法律与情理两个角度对刘某进行了劝导。首先从法律上来讲，我国《物权法》规定，不动产权利人因建造、修缮建筑物以及铺设电线、电缆、水管、暖气和燃气管线等必须利用相邻土地、建筑物的，该土地、建筑物的权利人应当提供必要的便利。本纠纷中，由于杜某从肖某家搬运建材必须经过刘某家，属于《物权法》中规定的"必须利用相邻土地、建筑物"的情况，因此杜某有权通行，刘某应该提供必要的便利。

其次，抛开法律规定不谈，从情理上来说，双方是邻居，邻里之间有事互相帮助、互相提供便利也是建设和谐社会的一个重要方面。刘某家装修不可避免地会对邻居构成一定的打扰，但大家应该本着理解、体谅的原则来处理，而不应该故意刁难，这只会导致邻里关系的恶化。大家每日低头不见抬头见，关系闹得太僵对自己也没有好处，何况这事从法律上来讲，刘某又不占理。

在胡斌的劝解下，双方当事人最终为此事达成了口头调解协议：刘某同意杜某搬运建材通过他家院落；杜某也表示搬运时一定会注意轻拿轻放，不打扰刘某及其家人的休息，并且会为此专门向刘某表示感谢。

调解案件五：因拒收物品而引发的合同纠纷

李某与人合伙在镇里开了一家服装销售店，因某市有多家服装厂，李某就到该市进行市场考察，打算在合理情况下采购一批服装以备销售。某服装厂提出其厂内现有各种款式、适合各种年龄的服装，希望李某可以在他家采购。李某到该服装厂进行了实地考察，认为该服装厂所做的服装款式多样，而且很新潮，表示愿意合作，并初步选定了一批服装。但是李某向服装厂的负责人表示，由于自己是与人合伙，所以需要与合伙人商量一下再定是否购进。服装厂因竞争激烈，看到李某明确表示合作，认为他已经承诺了，合同就算成立，他们就先把李某选定的服装发到销售店去了。而李某的合伙人接到李某的电话后，在网上查了一下这家服装厂的信息，得知这家服装厂生产的服装质量不好，在消费者中口碑较差，于是二人商量决定不买该服装厂的服装。几天后，服装厂发出的货已到李某的服装店，李某拒绝接收。由此，双方发生纠纷。后此案被申请提交人民调解委员会解决。人民调解委员受理此案后并作出了调解。

在对此案的调解过程中，调解员段某在尊重法律的基础上对双方当事人作出了耐心的讲解：承诺是受要约人同意要约的意思表示。受约人同意接受要约的全部条件而与要约人成立合同。承诺应当以通知的方式作出，但根据交易习惯或者要约表明可以通过行为作出承诺的除外。承诺的法律效力在于，承诺一经作出，并送达要约人，合同即告成立，要约人不得加以拒绝。承诺必须由受要约人作出，承诺必须是在有效时间内作出，必须与要约的内容完全一致是任何有效的承诺都必须具备的条件。本案中，李某在得到服装厂的要约后，到服装厂进行了实地考察，他虽表示愿意合作，但是他向服装厂负责人说明自己需要与合伙人商量再定夺，这说明李某没有承诺，合同也不能成立。服装厂在没有得到李某确定要货的情况下给李某发货，李某可以拒绝接受货物。最后，双方当事人达成口头调解协议，李某退回服装厂发出的服装，运费由服装厂承担。

1. 人民调解口头协议登记表格式参考

人民调解口头协议登记表

编号 ＿＿＿＿＿＿＿＿

当事人姓名＿＿＿＿＿＿性别＿＿＿＿＿民族＿＿＿＿＿年龄＿＿＿

职业或职务＿＿＿＿＿＿＿＿＿＿＿＿联系方式＿＿＿＿＿＿＿＿＿＿

单位或住址＿＿＿＿＿＿＿＿＿＿＿＿＿＿＿＿＿＿＿＿＿＿＿＿＿＿

当事人姓名＿＿＿＿＿＿性别＿＿＿＿＿民族＿＿＿＿＿年龄＿＿＿

职业或职务＿＿＿＿＿＿＿＿＿＿＿＿联系方式＿＿＿＿＿＿＿＿＿＿

单位或住址＿＿＿＿＿＿＿＿＿＿＿＿＿＿＿＿＿＿＿＿＿＿＿＿＿＿

纠纷主要事实、争议事项：＿＿＿＿＿＿＿＿＿＿＿＿＿＿＿＿＿

＿＿＿＿＿＿＿＿＿＿＿＿＿＿＿＿＿＿＿＿＿＿＿＿＿＿＿＿＿＿＿＿

＿＿＿＿＿＿＿＿＿＿＿＿＿＿＿＿＿＿＿＿＿＿＿＿＿＿＿＿＿＿＿＿

经调解，自愿达成如下协议：＿＿＿＿＿＿＿＿＿＿＿＿＿＿＿＿

＿＿＿＿＿＿＿＿＿＿＿＿＿＿＿＿＿＿＿＿＿＿＿＿＿＿＿＿＿＿＿＿

＿＿＿＿＿＿＿＿＿＿＿＿＿＿＿＿＿＿＿＿＿＿＿＿＿＿＿＿＿＿＿＿

＿＿＿＿＿＿＿＿＿＿＿＿＿＿＿＿＿＿＿＿＿＿＿＿＿＿＿＿＿＿＿＿

履行方式、时限＿＿＿＿＿＿＿＿＿＿＿＿＿＿

人民调解员（签名）＿＿＿＿＿＿＿＿＿＿＿＿

（人民调解委员会印章）

＿＿＿＿＿年＿＿＿月＿＿＿日

备注：此表由人民调解委员会填写。

2. 结合案例详解人民调解口头协议登记表的使用

（1）首部

标题写"人民调解口头协议登记表"。

"编号"按照有关规定或者各人民调解委员会自定的办法填写。

（2）当事人情况

当事人为自然人的，应当填写当事人的姓名、性别、民族、年龄、职业、单位或住址、联系方式等；当事人为法人或社会组织的，应当填写法定代表人的姓名、性别、民族、年龄、联系方式、职务，"单位或住址"栏填写法人或社会组织的地址。此外，如果纠纷涉及三方以上当事人，另加附页载明其他当事人的基本情况。

对于当事人是自然人的情形，如在前面的调解案件一中，当事人情况可写为：

当事人姓名　<u>康某</u>　性别　<u>男</u>　民族　<u>汉族</u>　年龄　<u>50 岁</u>
职业或职务　<u>农民</u>　联系方式　<u>137XXXXXXXX</u>
单位或住址　<u>XX 县 XX 乡 XX 村 XX 号</u>

当事人姓名　<u>王某</u>　性别　<u>男</u>　民族　<u>汉族</u>　年龄　<u>60 岁</u>
职业或职务　<u>农民</u>　联系方式　<u>137XXXXXXXX</u>
单位或住址　<u>XX 县 XX 乡 XX 村 XX 号</u>

对于当事人是法人的情形，如在前面的调解案件五中，当事人情况可写为：

当事人姓名　<u>姜某</u>　性别　<u>男</u>　民族　<u>汉族</u>　年龄　<u>33 岁</u>
职业或职务　<u>XX 服装厂法定代表人</u>　联系方式　<u>137XXXXXXXX</u>
单位或住址　<u>XX 市 XX 区 XX 路 XX 号</u>

当事人姓名　<u>李某</u>　性别　<u>男</u>　民族　<u>汉族</u>　年龄　<u>37 岁</u>
职业或职务　<u>XX 服饰店经营者</u>　联系方式　<u>137XXXXXXXX</u>

（3）纠纷主要事实、争议事项

"纠纷主要事实、争议事项"栏应载明纠纷简要事实（即当事人双方产生纠纷的主要原因、过程），争议事项及各方请求，填写内容较多时，可附页。

如在前面的调解案件二中，当事人双方产生纠纷的主要原因为承租人使用租赁物所造成的损失如何承担的问题。此问题也可看作是争议事项。具体可以像下面这样写：

<u>2011 年 6 月 8 日，王某租孙某的面包车一辆，双方说明此车用于拉货，上路后时速不得超过 90 公里。合同签订后，王某见拉货生意不好改用此车跑短途客运。在运营过程中，因超速而发生交通事故，面包车严重损毁。孙某知道后，跟王某说之所以发生事故，是因</u>

为王某没有按照合同约定的速度行驶，要王某赔偿他面包车的损失；而王某说面包车本来就已经很老旧，快到报废的程度了，如今让他赔偿是想占他便宜。

如在前面的调解案件三中，当事人争议的过程可简述为：甲认为乙擅自使用自己的电脑而导致电脑损坏，因此，甲因修电脑产生的费用应该由乙承担。而乙则认为自己是无偿保管，电脑的损坏是由于病毒所致，自己没有过错，因此，修电脑的费用不应当自己承担。

对于请求，例如在前面的调解案件一中，康某的请求为：要求王某赔偿自己为盖牛棚所花费的木料损失。

（4）所达成协议的内容

协议内容应是双方当事人真实的意思表示，且不违反法律、法规的强制性规定和社会公共利益。"协议"栏应载明各当事人的权利义务，要明确具体，不能模棱两可，填写内容较多时，可附页。

如前面调解案件二中，经调解自愿达成如下协议：王某赔偿孙某的损失 1 万元。

调解案件三中，经调解自愿达成如下协议：乙于 1 周内赔偿甲维修电脑的费用 500 元。

调解案件四中，经调解自愿达成如下协议：刘某不再阻拦杜家搬运建材通过他家院落。

调解案件五中，经调解自愿达成如下协议：服装厂自行拉回发出的服装，李某不承担任何责任。

（5）履行协议方式、时限

履行协议方式、时限也是由当事人协商确立，或者是在当事人自愿的情况下，调解员建议确立。至于采取什么样的履行方式，什么时间履行，要根据具体情况填写。

如在前面的调解案件三中，履行协议方式、时限乙交付人民币 XXXX 元给甲，可为现金交付。履行时限为 XXXX 年 XX 月 XX 日至 XXXX 年 XX 月 XX 日，一周之内交付。

（6）尾部

口头协议登记表由人民调解委员会填写，加盖人民调解委员会印章，并载明填写日期。

3. 人民调解口头协议登记表范例（以上述调解案件一为例）

人民调解口头协议登记表

编号 X 民调字（2011）02 号

　　当事人姓名　<u>康某</u>　　性别　<u>男</u>　　民族 <u>汉族</u>　　年龄 67 岁

职业或职务　<u>农民</u>　　联系方式　<u>137XXXXXXXX</u>

单位或住址　<u>现住 XX 县 XX 乡 XX 村 XX 号</u>

　　当事人姓名　<u>王某</u>　　性别　<u>男</u>　　民族 <u>汉族</u>　　年龄 60 岁

职业或职务　<u>农民</u>　　联系方式　<u>137XXXXXXXX</u>

单位或住址　<u>现住 XX 县 XX 乡 XX 村 XX 号</u>

　　纠纷主要事实、争议事项：<u>XXXX 年 XX 月 XX 日，王某与康某达成协议：王某因去城里生活欲将自家的牛送给康某。康某让王某先养几天，自己回家盖牛棚。但次日，王某将牛拴在山坡上的一棵树上时被人偷走，再没有找回来。康某得知消息后，要求王某赔偿自己为盖牛棚所花费的木料损失。王某认为自己没有过错，不应当赔偿。</u>

　　经调解，自愿达成如下协议：<u>一、王某与康某两人之间的关系已经构成了一种赠与合同的法律关系。在老牛没有交付给王某之前，王某应对牛尽一定的注意、保管义务，但是因王某将牛拴在树上就不管了，其主观上确实存在重大过失。因此，王某赔偿康某盖牛棚所花的木料钱人民币 500 元。</u>

　　<u>二、康某将牛棚拆除后的木料归王某所有。</u>

　　履行方式、时限 <u>王某应于 XXXX 年 XX 月 XX 日至 XXXX 年 XX 月 XX 日，交付人民币 500 元（现金）给康某。</u>

<u>康某应于 XXXX 年 XX 月 XX 日至 XXXX 年 XX 月 XX 日将牛棚拆除，并将拆除后的木料给王某。</u>

　　人民调解员（签名）<u>冯建立</u>

（人民调解委员会印章）

<u>XXXX</u> 年 <u>XX</u> 月 <u>XX</u> 日

　　备注：此表由人民调解委员会填写

4. 文书制作提醒

人民调解口头协议登记表是对纠纷当事人口头协议的记录，因此，在制作时，要忠实于当事人的意思表示，不能擅自发挥。即在协议内容上要做到实事求是。

5. 人民调解口头协议登记表小知识现场咨询

☞ 调解员：调解协议书用口头还是书面的形式？

解答员：经人民调解委员会调解达成调解协议的，可以制作调解协议书。当事人认为无需制作调解协议书的，可以采取口头协议方式，人民调解员应当记录协议内容。

☞ 调解员：口头调解协议有法律效力吗？什么时候生效？

解答员：经人民调解委员会调解达成的口头调解协议，具有法律约束力，当事人应当按照约定履行。口头调解协议自各方当事人达成协议之日起生效。

☞ 调解员：当事人不履行口头调解协议或达成口头协议后反悔的，如何处理？

解答员：当事人不履行调解协议或者达成协议后又反悔的，人民调解委员会应当按下列情形分别处理：（1）当事人无正当理由不履行协议的，应当做好当事人的工作，督促其履行；（2）如当事人提出协议内容不当，或者人民调解委员会发现协议内容不当的，应当在征得双方当事人同意后，经再次调解变更原协议内容；或者撤销原协议，达成新的调解协议；（3）对经督促仍不履行人民调解协议的，应当告知当事人可以请求基层人民政府处理，也可以就调解协议的履行、变更、撤销向人民法院起诉。

☞ 调解员：人民调解口头协议登记表与人民调解协议书形式上不同有哪些？

解答员：人民调解口头协议登记表与人民调解协议书形式上不同在于是否存在协议数量问题和尾部。对于人民调解协议，当为双方当事人时，写为：本协议一式三份，当事人、人民调解委员会各持一份；当为三方当事人时，写为：本协议一式四份，当事人、人民调解委员会各持一份。而人民调解口头协议登记表不存在表格数量问题。此外，就是人民调解协议与人民调解口头协议登记表的尾部是不同的。人民调解协议书必须由纠纷各方当事人签名或盖章，人民调解员签名，加盖人民调解委员会印章，并明确填写日期。其中，当事人为自然人的，签名后要按手印；当事人为法人的，要加盖法人章。而人民调解口头协议登记表由人民调解委员会填写，加盖人民调解委员会印章并载明填写日期，无需当事人签名。

6. 相关法条链接

《中华人民共和国人民调解法》

第二十七条 人民调解员应当记录调解情况。人民调解委员会应当建立调解工作档案，将调解登记、调解工作记录、调解协议书等材料立卷归档。

第二十八条 经人民调解委员会调解达成调解协议的，可以制作调解协议书。当事人认为无需制作调解协议书的，可以采取口头协议方式，人民调解员应当记录协议内容。

第三十一条 经人民调解委员会调解达成的调解协议，具有法律约束力，当事人应当按照约定履行。

人民调解委员会应当对调解协议的履行情况进行监督，督促当事人履行约定的义务。

第三十二条 经人民调解委员会调解达成调解协议后，当事人之间就调解协议的履行或者调解协议的内容发生争议的，一方当事人可以向人民法院提起诉讼。

《人民调解工作若干规定》

第三十七条 当事人不履行调解协议或者达成协议后又反悔的，人民调解委员会应当按下列情形分别处理：

（一）当事人无正当理由不履行协议的，应当做好当事人的工作，督促其履行；

（二）如当事人提出协议内容不当，或者人民调解委员会发现协议内容不当的，应当在征得双方当事人同意后，经再次调解变更原协议内容；或者撤销原协议，达成新的调解协议；

（三）对经督促仍不履行人民调解协议的，应当告知当事人可以请求基层人民政府处理，也可以就调解协议的履行、变更、撤销向人民法院起诉。

第三十八条 对当事人因对方不履行调解协议或者达成协议后又后悔，起诉到人民法院的民事案件，原承办该纠纷调解的人民调解委员会应当配合人民法院对该案件的审判工作。

调解案件一涉及法条：

《中华人民共和国合同法》

第一百八十九条 因赠与人故意或者重大过失致使赠与的财产毁损、灭失的，赠与人应当承担损害赔偿责任。

调解案件二涉及法条：

《中华人民共和国合同法》

第二百一十七条 承租人应当按照约定的方法使用租赁物。对租赁物的使用方法没有约定或者约定不明确，依照本法第六十一条的规定仍不能确定的，应当按照租赁物的性质使用。

第二百一十九条 承租人未按照约定的方法或者租赁物的性质使用租赁物，致使租赁物受到损失的，出租人可以解除合同并要求赔偿损失。

调解案件三涉及法条：

《中华人民共和国合同法》

第三百七十二条 保管人不得使用或者许可第三人使用保管物，但当事人另有约定的除外。

调解案件四涉及法条：

《中华人民共和国物权法》

第八十七条 不动产权利人对相邻权利人因通行等必须利用其土地的，应当提供必要的便利。

第八十八条 不动产权利人因建造、修缮建筑物以及铺设电线、电缆、水管、暖气和燃气管线等必须利用相邻土地、建筑物的，该土地、建筑物的权利人应当提供必要的便利。

调解案件五涉及法条：

《中华人民共和国合同法》

第二十一条   承诺是受要约人同意要约的意思表示。

第二十二条   承诺应当以通知的方式作出，但根据交易习惯或者要约表明可以通过行为作出承诺的除外。

（九）人民调解回访记录

人民调解回访记录是人民调解委员会对达成调解协议的纠纷当事人进行回访，了解协议履行情况及其他有关情况的记录。人民调解回访记录包括当事人对调解工作的意见、要求、协议的履行情况，协议履行发生争议向人民法院起诉及人民法院判决结果，有无错误调解及激化迹象，采取的措施等等。回访是人民调解工作中必不可少的重要环节，其对于调解协议达成后，及时解决新问题，全面履行调解协议具有重要的意义。

下面，我们通过几个案例对人民调解回访记录的制作以及其他相关知识予以说明。

调解案件一：因遗产继承而引发的婚姻家庭纠纷

周某与妻子肖某经过多年共同打拼，挣得一处房产与 20 万元存款。2007 年 6 月周某去世，生前没有立下遗嘱。2011 年初，肖某欲改嫁，但两个儿子认为，父亲去世时家里的 20 万元存款与房子应该按照法定继承由他们二人与母亲平分。而肖某则认为丈夫死的时候，孩子们还没有成年，家里的存款和房子都应该归其所有。后母子之间就财产问题发生矛盾。后此案被申请提交人民调解委员会解决。人民调解委员会在受理此案后，依法作出了调解。

在对此案的调解过程中，调解员段金彪在尊重法律的基础上对双方当事人作出了耐心的讲解：按照我国《继承法》第二十六条的规定，夫妻在婚姻关系存续期间所得的共同财产，除非另有约定，如果要当作遗产分割，应当先将共同所有财产的一半分出为配偶所有，其余才可以作为死者的遗产被继承。据此规定，周某的儿子可以要求按照法定继承的规定来继承父亲的遗产，但遗产的范围不应是这 20 万元钱与房产的全部，分割遗产时，应当将 20 万元存款及房产的一半为分归其母肖某所有，剩余的方可作为遗产由肖某与其二子继承。

肖某的二子表示，其实他们也不愿意因此事和母亲伤了感情，只是觉得母亲改嫁会把父亲的遗产全部带到别人家，他们心有不甘。如果母亲不改嫁，他们决不会向母亲提要分父亲遗产的事。不过既然法律对此问题有专门的规定，就按法律的规定来继承。肖某也同意按法定继承办理。

最后，母子三人达成了书面调解协议。后来，人民调解委员会作出了回访，并制作了人民调解回访记录。

调解案件二：因赡养老人引发的婚姻家庭纠纷

孙先生与老伴年近七十，有两个儿子现已各自成家。由于年高体弱，孙先生与老伴失去了劳动能力及经济来源，便向儿子提出要他们尽赡养义务。两个儿子谁也不愿赡养老人，于是约定孙先生归长子孙有力赡养，孙先生的老伴归次子孙有量赡养，二老分开居住。二老想想别无他法，被迫同意。可是长子与次子在分别与父母共同生活中，并没有切实履行赡养义务，让二老承担繁重的家务劳动，并时常冷语相对。二老想要相见也常常受到两个儿子的阻挠。于是，二老坚决要儿子们将两人一起赡养，不能将他们分开，两个儿子都不同意，与父母产生矛盾。后此案被人民调解委员会主动调解。

在对此案的调解过程中，调解员赵波动之以情、晓之以理地对孙先生的两个儿子进行了教育：孝敬父母是中华民族的传统美德。中国古语说"百善孝先行"，一个人是否孝顺，是衡量这个人本性是否善良的重要标准。而且父母含辛茹苦、不计回报地把他们兄弟养大成人，他们兄弟却这样对待父母，这是多么让父母伤心的事。而且他们自己也有孩子，也是别人的父母，这样做是希望他们的孩子日后也像他们一样吗？兄弟二人这样做，亲人、邻里、同事会怎样看他们？

抛开道德不谈，从法律上讲，不赡养父母也违反了公民的法律义务。成年子女有赡养扶助父母的义务，这就要求在现有经济条件下，子女在经济上应为父母提供必要的生活用品和费用，在生活上、精神上、感情上对父母应尊敬、关心和照顾。而且，我国《婚姻法》第二十一条第一、三款规定，子女对父母有赡养扶助的义务。子女不履行赡养义务时，无劳动能力的或生活困难的父母，有要求子女付给赡养费的权利。如果二人坚持不肯履行赡养父母的义务，父母有权利到法院告他们，那时不但他们要承担法律责任，而且将彻底名声扫地。最后刘波请二人考虑清楚，是要做个人人称赞的孝子还是做个人人不齿的败类。

两个儿子表示，从心里讲，自己并非不愿意赡养父母。但是由于思想观念、生活习惯等方面的不同，确实有些不愿意和老人生活在一起，因为生活在一起，日常生活中就少不了这样那样的矛盾。但是如今父母年纪大了，他们的确有义务照顾老人生活起居，让老人晚年生活更加幸福、快乐，并且对自己之前的行为表示了悔恨。最后当事人之间达成了口头调解协议，二老在大儿子家居住，二儿子每个月给两位老人支付300元生活费，并且要经常带全家去看望两位老人。

事后，人民调解委员会对此案进行了回访，得知调解协议履行良好，并做了回访记录。

调解案件三：因噪音引发的邻里纠纷

老潘刚做完手术，身体需要静养。住在他家楼上的是一对年轻夫妇，这对年轻夫妇经常在夜间的时候播放迪斯科音乐，声音很大，吵得老潘睡不着觉，老潘非常痛苦，手术后恢复得很慢。可气的是，老潘的媳妇多次找到楼上的年轻夫妇，让他们注意点，把音响调小点，年轻夫妇都爱答不理，置若罔闻。老潘媳妇气得不行，和这对年轻夫妇争吵起来，由此，纠纷发生，双方见面就互骂，有时还会伸手推搡。后此纠纷被人民调解委员会主动调解。

调解委员会的调解员杨得志针对此案，在尊重法律的基础上对双方当事人作出了耐心的讲解：邻里之间应当互谅互让，互相理解，营造一个和谐的氛围。潘某刚刚做完手术，需要静养，作为邻居的小两口赵某与吴某，应该就自己的兴趣爱好忍耐一下，为潘某的身体健康让路。况且，我国《民法通则》第八十三条规定："不动产的相邻各方，应当按照有利生产、方便生活、团结互助、公平合理的精神，正确处理截水、排水、通行、通风、采光等方面的相邻关系。给相邻方造成妨碍或者损失的，应当停止侵害，排除妨碍，赔偿损失。"由此，赵某、吴某应当在放音乐的时候将音量调小，不能影响潘某的休息。

　　楼上的夫妇表示，自己只是气不过老潘媳妇的态度，每次和他们说这件事的时候，都是一副要打架的样子，而且总是说些不干不净的话。如果她第一次就好言相商，他们不会这样的。老潘的妻子也承认自己的确态度有些不好，没有处理问题反而激化了矛盾。最后双方当事人之间达成了口头调解协议，老潘的妻子就自己态度不好甚至出口伤人之事向楼上小两口赔礼道歉，楼上小两口承诺，在老潘养病期间不再大声播放音乐，以后播放音乐也要尽量考虑时间的选择，做到不影响他人休息。人民调解委员会后来进行回访，并制作了人民调解回访记录。

调解案件四：因保管物品引发的合同纠纷

　　王某因装修房屋，便将一批古字画交由其好友李某保管，因二人关系较好，李某为王某无偿保管。李某将此批古字画放在床底下。一日李某外出，其楼上住户水管破裂，水流至李某家，床底的古字画严重受损。王某要求李某赔偿，李某以自己无过失为由拒绝赔偿，双方遂起争端。后此案被申请提交人民调解委员会解决。

　　在对此案的调解过程中，调解员赵亮在尊重法律的基础上对双方当事人作出了耐心的讲解：根据《合同法》第三百七十四条的规定，保管是无偿的情况下，如果保管人证明自己无重大过失的，不承担赔偿责任。本纠纷中，王某与李某的保管合同是无偿的，王某字画受损是李某楼上住户水管破裂渗水造成的，李某无重大过失，因为李某对于水管破裂这一事实是不能事先预料到的。因此李某不需要赔偿王某的损失。

　　最后双方接受了调解并达成了书面调解协议。后来，人民调解委员会作出了回访，并制作了人民调解回访记录。

调解案件五：因担保引发的合同纠纷

　　赵某向张某借款 5000 元，约定一年后偿还，赵某找了自己好朋友、做生意的刘某做保证人。刘某同意做赵某的保证人，并在赵某和张某的借款合同上以保证人的身份签了字。后到期后赵某无法还清借款，张某请求刘某还款，刘某以赵某能还款为由，拒绝了张某的还款请求。张某认为既然刘某做了赵某的保证人，就应当承担保证责任，于是天天去找刘某要钱。刘某认为张某不去努力找借款人赵某要钱，却天天缠着自己要钱，于情于理都说不过去，于是坚决不给张某钱，由此，纠纷产生。后此纠纷被人民调解委员会主动调解。

　　在对此案的调解过程中，调解员卢慧着重向刘某讲解了担保的相关法律知识：根据《最高人民法院关于适用〈中华人民共和国担保法〉若干问题的解释》第二十二条的规定，主合同虽然没有保证条款，但是保证人在主合同上以保证人身份签字或者盖章的，保证合同成立。刘某虽然没有和张某签订保证合同，但是刘某以保证人身份在借款合同中签字，应当认定刘某承担保证责任。根据《担保法》第十九条的规定，当事人对保证方式没有约定或者约定不明确的，按照连带责任保证承担保证责任，债权人即可以要求债务人履行债务，也可要求保证人在保证范围内承担责任。据此，刘某应当承担连带保证责任，也就是说，如果赵某不还张某的钱，张某是可以直接请求刘某承担保证责任的。

　　刘某得知此事，对当初自己轻率地为别人担保感到后悔，但事已至此，只能依法承担保证责任。最后双方达成书面调解协议，由刘某代赵某偿还张某欠款，等以后赵某有了钱，再把这笔钱还给刘某，为了保险起见，赵某给刘某打了一个 5000 元的欠条。后来人民调解委员会对此事作出了回访，得知刘某替赵某还了钱，并制作了人民调解回访记录。

1. 人民调解回访记录格式参考

人民调解回访记录

当事人＿＿＿＿＿＿＿＿＿＿＿＿＿＿

调解协议编号＿＿＿＿＿＿＿＿＿＿

回访事由＿＿＿＿＿＿＿＿＿＿＿＿

回访时间＿＿＿＿＿＿＿＿＿＿＿

回访情况：＿＿＿＿＿＿＿＿＿＿＿＿＿＿＿＿＿

＿＿＿＿＿＿＿＿＿＿＿＿＿＿＿＿＿＿＿＿＿＿＿＿＿＿

＿＿＿＿＿＿＿＿＿＿＿＿＿＿＿＿＿＿＿＿＿＿＿＿＿＿

＿＿＿＿＿＿＿＿＿＿＿＿＿＿＿＿＿＿＿＿＿＿＿＿＿＿

＿＿＿＿＿＿＿＿＿＿＿＿＿＿＿＿＿＿＿＿＿＿＿＿＿＿

＿＿＿＿＿＿＿＿＿＿＿＿＿＿＿＿＿＿＿＿＿＿＿＿＿＿

＿＿＿＿＿＿＿＿＿＿＿＿＿＿＿＿＿＿＿＿＿＿＿＿＿＿

回访人（签名）＿＿＿＿＿＿＿＿＿

＿＿＿＿＿＿＿＿＿人民调解委员会

＿＿＿＿＿年＿＿月＿＿日

2. 结合案例详解人民调解回访记录的使用

（1）首部

标题：写"人民调解回访记录"。

（2）当事人情况

当事人情况即填写被访问的当事人的简要情况。如姓名、性别、年龄、单位或住址。

如在前面五个调解案件中，要将各个案件中当事人的情况写清楚，如姓名、性别、年龄、单位或住址。

（3）调解协议编号

调解协议编号填写回访所涉纠纷调解协议书编号。

如在前面的调解案件一中，调解协议书的编号是 X 民调字

（2011）22号，那么回访记录中，调解协议编号一栏就填写X民调字（2011）22号即可。

（4）回访事由

回访事由指对哪一起纠纷进行回访，写纠纷名称即可。

以前面几个调解案件为例：

调解案件一，回访事由可写成：肖某与其两个儿子遗产继承纠纷。

调解案件二，回访事由可写成：孙先生夫妇与儿子孙有力、孙有量赡养纠纷。

调解案件三，回访事由可写成：潘某与赵某、吴某邻里关系纠纷。

调解案件四，回访事由可写成：王某与李某保管合同纠纷。

（5）回访时间

回访时间即作出回访工作的时间。

如在前面的调解案件三中，回访工作是在2011年4月22日作出的，那么相应地回访记录上的回访时间就填写"2011年4月22日"。

（6）回访情况

该部分是整个文书的重点，即中心部分。回访情况可包括当事人对调解工作的意见、要求，协议的履行情况，协议履行发生争议向人民法院起诉及人民法院的判决结果，有无错误调解及激化迹象，采取的措施等。在记录时，要做到简练、客观、真实。

如在前面的调解案件一中，肖某等母子三人就财产分割问题达成协议。那么回访情况可以写成：

调解协议履行得很好，无矛盾激化现象发生。肖某的两个儿子表示不干涉母亲再婚，三方同意按照继承法的相关规定分割财产。当事人对人民调解委员会的工作也比较满意，希望人民调解员再接再厉，取得更好的成绩，充分发挥人民调解的优势，为人民服务。

又如在前面的调解案件二中，双方达成协议，孙某两个儿子决心悔过赡养父母，并已拿出实际行动，则回访记录就可以写成：

调解协议履行得很好，无矛盾激化现象发生。孙某的两个儿子认真履行调解协议，孙先生老俩口感觉到老有所依，对人民调解委员会的工作非常满意。

（7）尾部

回访人即开展回访工作的人民调解员签名，并标明人民调解委员会名称及记录日期。

3. 人民调解回访记录范例

以上述调解案件三为例：

人民调解回访记录

当　事　人　潘某，男，52 岁，现住 XX 市 XX 区 XX 街 XX 号

调解协议编号 X 民调字（2011）16 号

回 访 事 由　潘某与赵某、吴某邻里关系纠纷

回 访 时 间　2011 年 X 月 XX 日

回 访 情 况：此案最终协议没有履行，矛盾激化，后通过诉讼解决。

回访人（签名）杨得志

XXXX 人民调解委员会

2011 年 X 月 XX 日

以上述调解案件五为例：

人民调解回访记录

当　事　人　张某，男，30 岁，现住 XX 市 XX 区 XX 街 XX 号

调解协议编号　X 民调字（2011）27 号

回 访 事 由　刘某就赵某债务是否应当履行保证责任的纠纷

回 访 时 间　2011 年 X 月 XX 日

回 访 情 况：调解协议履行的很好，无矛盾激化现象发生。保证人刘某履行了保证责任，将赵某所欠张某之钱如数还清。当事人对人民调解委员会的工作也比较满意，希望人民调解员再接再厉，取得更好的成绩，充分发挥人民调解的优势，为人民服务。

回访人（签名）卢慧

XXXX 人民调解委员会

2011 年 XX 月 X 日

---

4. 人民调解回访记录小知识现场咨询

☞ 调解员："回访"是一项必要工作吗？

解答员：我国《人民调解工作若干规定》和《司法部关于贯彻实施〈中华人民共和国人民调解法〉的意见》中都提到，人民调解委员会应当对调解协议的履行情况适时进行回访，并就履行情况做出记录。可见，"回访"是一项必要的工作，调解员应当履行。

☞ 调解员：对没有达成调解协议的纠纷，还需要回访吗？

调解员：对没有达成调解协议的纠纷，是不需要回访的。只有对达成调解协议的纠纷，才有必要进行回访。

☞ 调解员：在回访过程中，得知当事人不履行调解协议的，应当怎么办？

解答员：当事人无正当理由不履行人民调解协议的，应当督促其履行。有正当理由的，另作别论。如人民调解协议内容不当的，在征得各方当事人同意后，可以再次进行调解达成新的调解协议。

5. 相关法条链接

《司法部关于贯彻实施〈中华人民共和国人民调解法〉的意见》

14. 督促当事人履行人民调解协议。人民调解委员会应当对人民调解协议的履行情况，适时进行回访，并填写《人民调解回访记录》。当事人无正当理由不履行人民调解协议的，应当督促其履行。发现人民调解协议内容不当的，在征得各方当事人同意后，可以再次进行调解达成新的调解协议。

17. 规范人民调解卷宗。人民调解委员会调解纠纷，一般应当制作调解卷宗，做到一案一卷。调解卷宗主要包括《人民调解申请书》或者《人民调解受理登记书》、人民调解调查（调解、回访）记录、《人民调解协议书》或者《人民调解口头协议登记表》等。纠纷调解过程简单或者达成口头调解协议的，也可以多案一卷，定期集中组卷归档。

《人民调解工作若干规定》

第三十六条　当事人应当自觉履行调解协议。

人民调解委员会应当对调解协议的履行情况适时进行回访，并就履行情况做出记录。

调解案件一涉及法条：

《中华人民共和国继承法》

第十条　遗产按照下列顺序继承：

第一顺序：配偶、子女、父母。

第二顺序：兄弟姐妹、祖父母、外祖父母。

继承开始后，由第一顺序继承人继承，第二顺序继承人不继承。没有第一顺序继承人继承的，由第二顺序继承人继承。

……

第二十六条　夫妻在婚姻关系存续期间所得的共同所有的财产，除有约定的以外，如果分割遗产，应当先将共同所有的财产的一半分出为配偶所有，其余的为被继承人的遗产。

遗产在家庭共有财产之中的，遗产分割时，应当先分出他人的财产。

调解案件二涉及法条：

《中华人民共和国婚姻法》

第二十一条第一、三款　父母对子女有抚养教育的义务；子女对父母有赡养扶助的义务。

子女不履行赡养义务时，无劳动能力的或生活困难的父母，有要求子女付给赡养费的权利。

《中华人民共和国老年人权益保障法》

第十一条第一款　赡养人应当履行对老年人经济上供养、生活上照料和精神上慰藉的义务，照顾老年人的特殊需要。

第十五条第二、三款　赡养人不履行赡养义务，老年人有要求赡养人付给赡养费的权利。

赡养人不得要求老年人承担力不能及的劳动。

第十七条　赡养人之间可以就履行赡养义务签订协议，并征得老年人同意。居民委员会、村民委员会或者赡养人所在组织监督协议的履行。

调解案件三涉及法条：

《中华人民共和国民法通则》

第八十三条　不动产的相邻各方，应当按照有利生产、方便生活、团结互助、公平合理的精神，正确处理截水、排水、通行、通风、采光等方面的相邻关系。给相邻方造成妨碍或者损失的，应当停止侵害，排除妨碍，赔偿损失。

《中华人民共和国物权法》

第八十四条　不动产的相邻权利人应当按照有利生产、方便生活、团结互助、公平合理的原则，正确处理相邻关系。

第九十条　不动产权利人不得违反国家规定弃置固体废物，排放大气污染物、水污染物、噪声、光、电磁波辐射等有害物质。

调解案件四涉及法条：

《中华人民共和国合同法》

第三百七十四条　保管期间，因保管人保管不善造成保管物毁损、灭失的，保管人应当承担损害赔偿责任，但保管是无偿的，保管人证明自己没有重大过失的，不承担损害赔偿责任。

调解案件五涉及法条：

《中华人民共和国担保法》

第十八条　当事人在保证合同中约定保证人与债务人对债务承担连带责任的，为连带责任保证。

连带责任保证的债务人在主合同规定的债务履行期届满没有履行债务的，债权人可以要求债务人履行债务，也可以要求保证人在其保证范围内承担保证责任。

第十九条　当事人对保证方式没有约定或者约定不明确的，按照连带责任保证承担保证责任。

《最高人民法院关于适用〈中华人民共和国担保法〉若干问题的解释》

第二十二条　第三人单方以书面形式向债权人出具担保书，债权人接受且未提出异议的，保证合同成立。

主合同中虽然没有保证条款，但是，保证人在主合同上以保证人的身份签字或者盖章的，保证合同成立。

（十）司法确认有关材料

《人民调解法》第三十三条第一款规定："经人民调解委员会调解达成调解协议后，双方当事人认为有必要的，可以自调解协议生效之日起三十日内共同向人民法院申请司法确认，人民法院应当及时对调解协议进行审查，依法确认调解协议的效力。"人民调解卷宗中，"司法确认有关材料"是存在司法确认的情况下才有的。因此，司法确认程序不是每一个纠纷案件所必备的，只有在当事人申请作出司法确认的情形下才启动该程序。司法确认有关材料，包括司法确认申请书、司法确认受理通知书、司法确认决定书（或者不予确认决定书）。为正确适用《最高人民法院关于人民调解协议司法确认程序的若干规定》，统一文书样式，最高人民法院还制作了司法确认文书样式四篇，供各地法院使用。由于司法确认有关材料部分和人民调解证据材料一样，也不属于文书组成部分，因此我们在此只列举了司法确认申请书、受理通知书、确认决定书和不予确认决定书格式供参考。

此处需要说明的是，上述四个文书中，需要当事人填写或者人民调解委员会协助当事人填写的只是司法确认申请书，而司法确认受理通知书以及司法确认决定书或不予确认决定书均由人民法院制作并送达给当事人，本书第三部分"调解卷宗案例示范"部分的"人身侵权赔偿纠纷案例立卷归档示范"案卷中，即介绍了"司法确认申请书"的制作范例。具体见该卷宗"司法确认有关材料"部分。

1. 司法确认申请书格式参考[3]

司法确认申请书

申请人：（申请人的姓名或名称等基本情况）

申请人：（申请人的姓名或名称等基本情况）

申请人因_____纠纷，于_____年____月____日

经_____（调解组织）主持

调解，达成了如下调解协议：_____

_____

_____

_____

_____。（写明调解协议内容，或者将调解协议作为附件）

现请求×××人民法院依法对上述协议予以确认。

申请人出于解决纠纷的目的自愿达成协议，没有恶意串通、规避法律的行为；如果因为该协议内容而给他人造成损害的，愿意承担相应的民事责任和其他法律责任。

此致

×××人民法院

附：……（人民调解协议书及有关证明材料）

申请人：_____（签章）

申请人：_____（签章）

_____年____月____日

3. 以下四个文书格式来源于 2011 年 4 月 12 日的人民法院报。

2. 受理通知书格式参考

×××人民法院
受理通知书（受理司法确认申请用）

（××××）调确字第××号

（申请人）：

你请求本院确认调解协议的申请已收到。经审查，你的申请符合条件，本院决定受理。现将有关事项通知如下：

一、申请人应当积极配合本院对调解协议进行审查，应当按照要求提供相关材料，如实回答问题；

二、在本院作出是否确认的决定前，申请人有权撤回司法确认申请；

三、如果本院依法确认调解协议有效，一方当事人拒绝履行或者未全部履行的，对方当事人可以向人民法院申请强制执行。如果本院决定不予确认调解协议效力，当事人可以通过人民调解方式变更原调解协议或者达成新的调解协议，也可以就相关纠纷向有管辖权的人民法院提起诉讼；当事人之间有仲裁协议的，可以向仲裁机构申请仲裁。

四、其他：

＿＿＿＿年＿＿月＿＿日

（院印）

3. 确认决定书参考格式

×××人民法院
确认决定书（决定确认用）

（××××）调确字第××号

申请人：（申请人的姓名或名称等基本情况）

申请人：（申请人的姓名或名称等基本情况）

本院于＿＿＿＿＿年＿＿＿月＿＿＿日受理了申请人关于确认调解协议的申请。本院依法指定审判人员审查此案，现已审查完毕。

申请人因＿＿＿＿＿＿＿＿＿纠纷，于＿＿＿＿＿年＿＿＿月＿＿＿日经＿＿＿＿＿＿＿＿＿＿＿＿＿＿＿（调解组织）主持调解，达成了如下调解协议：＿＿＿＿＿＿＿＿＿＿＿＿＿＿＿＿＿＿＿＿＿

＿＿。（写明调解协议内容）

本院现依法确认上述协议有效。双方当事人应当按照调解协议的约定自觉履行义务。一方当事人拒绝履行或者未全部履行的，对方当事人可以向人民法院申请强制执行。

本决定书自即日起发生法律效力。

审判员

＿＿＿＿＿年＿＿＿月＿＿＿日

（院印）

本件与原本核对无异

书记员

4. 不予确认决定书格式参考

×××人民法院
不予确认决定书（决定不予确认用）

（××××）调确字第××号

申请人：（申请人的姓名或名称等基本情况）

申请人：（申请人的姓名或名称等基本情况）

本院于＿＿＿＿年＿＿月＿＿日受理了申请人关于确认调解协议的申请。本院依法指定审判人员审查此案，现已审查完毕。

经审查，申请人于＿＿＿＿年＿＿月＿＿日关于＿＿＿＿纠纷达成的调解协议，因＿＿＿＿＿＿（写明不予确认理由），不符合人民法院确认调解协议的条件。据此，本院作出如下决定：

对申请人于＿＿＿＿年＿＿月＿＿日达成的调解协议效力不予确认。当事人可以通过人民调解方式变更原调解协议或者达成新的调解协议，也可以就相关纠纷向有管辖权的人民法院提起诉讼；当事人之间有仲裁协议的，可以向仲裁机构申请仲裁。

审判员

＿＿＿＿年＿＿月＿＿日

（院印）

本件与原本核对无异

书记员

（十一）卷宗情况说明

卷宗情况说明就是把案件卷宗制作情况说明一下，如卷宗当事人申请书多少份，人民调解受理登记书多少份，人民调解记录多少份，人民调解协议书多少份，人民调解回访记录多少份，等等。通俗地讲，卷宗情况说明就是将卷宗内包含些什么交代一遍。

1. 卷宗情况说明格式参考

卷宗情况说明
立卷人：

2. 卷宗情况说明范例

此部分内容参见后面整套卷宗制作范例，即"调解卷宗案例示范"部分，在此不详述。

二、人民调解统计报表案例详解

（一）人民调解员调解案件登记单

人民调解员调解案件登记单用于统计人民调解员调解纠纷工作量，由人民调解员填写。人民调解员调解案件登记单是人民调解员工作成绩的重要反映。

下面，我们通过几个案例对人民调解员调解案件登记单的制作以及其他相关知识予以说明。

调解案件一：因有条件赠与引发的合同纠纷

村民老孙想去城里看望好久未见面的小孙子，可家里还有菜园子无人照看。经考虑，老孙决定找人代自己照看一下园子，遂找来村民马某，希望马某能在自己去城里这段时间替自己看管一下园子里的菜，作为报酬，老孙答应回来后给马某买一辆自行车。为怕老孙反悔，马某让老孙立下字据。当老孙从城里回来时，园子里的菜大部分已经枯死，此时马某却拿着立的字据找老孙要自行车，被老孙以菜大部分枯死为由拒绝，马某认为菜是由于天太热导致，与他无关，于是坚持向马某索要自行车，由此，二人产生纠纷。后此纠纷经人民调解后，双方达成口头调解协议，调解成功。

在对此案的调解过程中，调解员赵莉在尊重法律的基础上对双方当事人作出了耐心的讲解：我国《合同法》第一百九十条规定："赠与可以附义务。赠与附义务的，受赠人应当按照约定履行义务。"本纠纷中，老孙答应给马某一辆自行车时，可以要求其先履行照顾菜园的义务，而马某没有表示反对，双方所签订的赠与字据合法有效。根据我国《合同法》第一百九十二条的规定，附义务的赠与要以义务履行为交付赠与财产的条件，否则赠与人可以撤销赠与或要求返还赠与财产。老孙与马某达成附义务赠与合同后，马某并未按合同约定替老孙照看菜园，而这一点邻居们可以作证。所以，老孙可以撤销与马某之间的赠与行为，也无须给马某自行车。

调解案件二：因一方违约引发的合同纠纷

村民甲欲在农忙时租赁一台农用收割机收割麦子，这样既节省劳动力，又经济实惠。后来，甲与专门从事收割机租赁生意的村民乙经协商签订了租赁合同。双方约定了租用期和租金，还约定了违约责任：如果一方违约，应向对方支付 1000 元的违约金。后来，租期快到时，乙却突然告知甲收割机被别人租去了。甲无奈只好雇用村民帮其收割，并为此支付雇工费 1500 元。事后，甲拿着双方签订的合同要求乙支付违约金并赔偿损失，乙不同意，遂产生纠纷。后此纠纷经人民调解后，双方达成书面调解协议，调解成功。

在对此案的调解过程中，调解员闫志宏在尊重法律的基础上对双方当事人作出了耐心的讲解：乙应当支付违约金及给甲造成的损失。首先，甲乙双方签订的租赁合同合法、有效，双方应按合同约定履行自己的义务，而乙却在签订租赁合同后，单方面反悔，其行为已经构成违约。根据《合同法》第一百零八条的规定，当事人一方明确表示或者以自己的行为表明不履行合同义务的，对方可以在履行期限届满之前要求其承担违约责任。由于乙告知甲收割机租给别人了，说明其明确表示不履行合同义务，因此，甲可要求乙支付违约金。后来，由于乙未能履行自己的义务，从而使甲只能雇用别人，因此支付了大量的劳务费，所以，乙应当为因自己的违约给甲造成的损失承担赔偿责任。

调解案件三：因转包土地引发的山林土地纠纷

刘某将自己承包的村里三亩土地转承包给村里的村民王某，并签订了土地承包经营权转承包协议，但是没有办理变更登记。之后同村的张某找到刘某也想承包刘某的土地，刘某见张某开的价钱比王某高，就决定将土地转包给张某，签订了土地承包经营权转包协议，并办理了变更登记。张某对于刘某已经将土地转包给王某的事实并不知情。不久，王某得知后，便去找刘某理论，二人争执不下，遂产生纠纷。后此纠纷经人民调解后，未达成调解协议，调解失败。

　　在对此案的调解过程中，调解员陈广在尊重法律的基础上对双方当事人作出了耐心的讲解：土地承包经营权在进行流转的时候，应该向县级以上地方人民政府申请变更登记，从而将土地承包经营权互换或转让的事项记载在不动产登记簿上。登记的目的在于将土地承包经营权变动的事实予以公示，从而让他人明确土地承包经营权的权利人。转承包人取得土地承包经营权并不以变更登记为要件，但是如果没有进行变更登记，那么转承包人的土地承包经营权不能对抗善意的第三人。本纠纷中，转承包人王某虽然先和刘某签订了转包协议，但是由于没有进行变更登记，因此，当不知情的（善意的）张某与刘某签订转包协议并进行变更登记取得公示效果时，王某不能对抗张某，所以张某取得承包经营权。

调解案件四：因房屋装修引发的房屋纠纷

　　曲先生购买了一套商品房，刚入住不久就发现房屋的水管漏水，墙体开裂。上楼一看原来是楼上的张先生在装修房屋时敲掉了承重墙，改变了建筑结构，并改变了原来的水管铺设线路，后曲先生请人检验，证明是张先生的装修行为导致他的房屋出现了问题，并且有进一步扩大危险的可能性。曲先生要求张先生停止此种装修行为，张先生说：我自己的房子，爱怎么装修就怎么装修，别人管不着。由此，二人产生纠纷。后此纠纷经人民调解后，双方达成书面调解协议，调解成功。

　　在对此案的调解过程中，调解员吴岳在尊重法律的基础上对双方当事人作出了耐心的讲解：业主购买房屋后就对该房屋享有所有权，因此可以自由的对该房屋进行占有、使用、收益和处分，对房屋进行装修是行使其所有权的一种表现形式。但是如果此项权利与同一建筑物上的其他房屋有密切关系，存在公共利益，业主在对自己的房屋进行占有、使用、收益和处分的时候就不能侵犯他人的权益或者公共利益，否则就是违法的。张先生对自己的房屋拥有所有权，可以进行装修，但是张先生在装修的时候改变房屋的主体结构造成其他业主的房屋危险，这种装修行为已经超出了他行使权利的界限，是对他人权益的侵犯。因此曲先生有权要求张先生停止该种装修行为。

调解案件五：因一方违约引发的合同纠纷

张某与陶瓷制造商李某签订了购买合同，合同中约定：李某为张某制作一套高级陶瓷产品，李某第一周交付陶瓷茶壶，第二周交付陶瓷茶杯，第三周交付陶瓷勺和其他辅助器具。后来李某依约交付了陶瓷茶壶，但是在第二周交付陶瓷茶杯时发现茶杯根本不是陶瓷的，而是市场上买的低价仿陶瓷茶杯。张某找到李某，要求解除合同，李某仅同意解除陶瓷茶杯合同，不同意解除整个合同。由此，纠纷产生。后此纠纷经人民调解后，没有成功。二人诉讼解决。

在对此案的调解过程中，调解员毛青竹在尊重法律的基础上对双方当事人作出了耐心的讲解：这里涉及到分批履行的买卖合同。根据我国《合同法》第一百六十六条的规定，出卖人分批交付标的物的，出卖人对其中一批标的物不交付或者交付不符合约定，致使该批标的物不能实现合同目的的，买受人可以就该批标的物解除。本纠纷中，判断张某能不能解除整个合同，关键是看李某违约履行第二批标的物的行为是否阻碍了整个合同的实现。根据双方签订的合同，这套茶具属于一个整体，功能和美观度是统一的，因此如果陶瓷茶壶和茶杯不配套，肯定会影响合同目的的实现。因此张某可以解除整个合同。

调解案件六：因借款利息约定不明引发的合同纠纷

李某和张某是好朋友，后张某的孩子要上大学，便向李某借款两万元，张某写了收据给李某言明借李某两万元，并在一年后还清，但是双方并未约定利息。一年后张某将两万元现金还给李某但没有支付利息。李某要求张某付息，但张某不肯支付利息。二人遂发生纠纷。后此纠纷经人民调解后，二人达成口头调解协议，调解成功。

在对此案的调解过程中，调解员陶毅在尊重法律的基础上对双方当事人作出了耐心的讲解：根据我国现行法律的规定，自然人之间的借款合同是得到法律承认和保护的。李某和张某之间形成了自然人借贷的合同关系。我国《合同法》第二百一十一条的规定："自然人之间的借款合同对支付利息没有约定或者约定不明确的，视为不支付利息……"。张某的收据没有约定支付利息给李某，因此根据法律规定，张某可以不支付利息给李某。

1. 人民调解员调解案件登记单格式参考

编号：   存根

人民调解员调解案件登记单

_____年____月____日，调解_____、_____之间的纠纷。

纠纷是①依申请调解②主动调解③接受委托或移交调解。

纠纷类型：（1）婚姻家庭纠纷 （2）邻里纠纷 （3）房屋宅基地纠纷 （4）合同纠纷 （5）损害赔偿纠纷 （6）劳动纠纷 （7）村务管理纠纷 （8）山林土地纠纷 （9）征地拆迁纠纷 （10）环境污染纠纷 （11）道路交通事故纠纷 （12）物业纠纷 （13）医疗纠纷 （14）其他纠纷_____

调解情况：

1. 调解成功，达成①口头协议②书面协议。

2. 调解不成，告知当事人通过①行政②仲裁③诉讼④其他途径解决。

调 解 员：_____

记录日期：_____

_____人民调解委员会

编号：   正本

人民调解员调解案件登记单

_____年____月____日，调解_____、_____之间的纠纷。

纠纷是①依申请调解②主动调解③接受委托或移交调解。

纠纷简要情况：_____

_____

调解情况：_____

_____

_____

　　调 解 员：＿＿＿＿＿＿

　　记录日期：＿＿＿＿＿＿

　　　　　　　　　　　　　　＿＿＿＿＿＿人民调解委员会

　　备注：1、本单用于统计人民调解员调解纠纷工作量，由人民调
　　　　　　解员填写。

　　　　　2、在本单相关栏目序号上打√。

　　　　　3、本单一式两联，正本联沿虚线裁下交人民调解员所在
　　　　　　人民调解委员会，存根联由人民调解员留存。

2. 结合案例详解人民调解员调解案件登记单的使用

（1）存根部分：

① 首部

标题：写："人民调解员调解案件登记单"。

编号：XXXX

② 时间与案由

主要写什么时候调解的什么人之间的纠纷。

　　如对于前面的调解案件一，可写为：XXXX 年 XX 月 XX 日，调
解孙某、马某之间的纠纷。

③ 纠纷来源

　　写明纠纷的来源，纠纷是①依申请调解②主动调解③接受委托或
移交调解。在相应的条目上打"√"即可。

　　如对于前面的调解案件二，是由当事人申请调解的，那么，在纠
纷来源一项就在"依申请调解"一栏打"√"。

④ 纠纷类型

　　写明纠纷的类型，如是婚姻家庭纠纷、邻里纠纷，还是房屋宅基
地纠纷、合同纠纷、损害赔偿纠纷等等。

　　如对于前面的调解案件一、二均为合同纠纷；调解案件三为山林
土地纠纷；调解案件四为房屋纠纷；调解案件五为合同纠纷。

⑤ 调解情况

　　写明调解结果。如成功还是不成功，调解成功的，达成了口头调解协议还是书面调解协议；调解不成的，告知了当事人通过何种方式解决纠纷。

　　如对于前面的调解案件三，经人民调解后，未达成调解协议，那么，在这一栏中就选择"调解不成，告知当事人通过①行政②仲裁③√诉讼④其他途径解决。"需要注意的是，告知当事人通过"诉讼"解决，直接在诉讼这一项上打"√"即可。

　　⑥ 尾部

　　写明调解员姓名、记录日期以及人民调解委员会名称。

　　（2）正本部分：

　　此处主要介绍纠纷简要情况及调解情况两项。

　　纠纷简要情况

　　此部分主要对所调解的纠纷进行简单的介绍。介绍时要简单、精炼，不可长篇大论。

　　如前面调解案件一中，纠纷简要情况可这样写：村民孙某因事进城，委托同村马某帮他照顾菜园子，并答应回来后给马某一辆自行车，双方立了字据。孙某进城回来后，发现园中的菜大部分枯死，认为是马某没有认真照顾菜园子，因此不肯给马某自行车；而马某则称，园中的菜枯死是因为天太热了，与自己无关，拿着字据向孙某讨要自行车。于是双方发生纠纷。

　　再如前面调解案件三中，纠纷简要情况可这样写：村民刘某将自己承包的村里三亩土地转承包给同村的王某，双方签订了土地承包经营权转承包协议，但是没有办理变更登记。后来同村的张某找到刘某，表示也想承包刘某的土地。刘某见张某开的价钱比王某高，就瞒着王某与张某签订了一个新的土地承包经营权转包协议，并办理了变更登记。王某得知此事后，找到刘某指责他不该将已包给自己的土地又包给他人，且自己签订的土地转承包协议在先，土地应该由自己承包。二人为此争执不下，遂产生纠纷。

　　调解情况

　　此部分主要对纠纷所进行的调解结果，如成功还是未成功，是否达成调解协议等等。

　　如在前面的调解案件一中，双方达成口头调解协议，则调解情况就写：人民调解员在尊重法律的基础上对纠纷双方当事人作出了耐心的讲解与疏导，最终，当事人孙某和马某达成口头调解协议。孙某不再向马某索要自行车。

　　前面调解案件二中，双方达成书面调解协议，则调解情况就写：人民调解员闫志宏受理此案后，充分考虑了情、理、法等各种因素，重点对双方当事人就相关的法律规定作出了耐心的讲解，成功地说服乙为自己违约的行为承担相应的违约责任。最后双方达成书面调解协议：乙支付甲1000元作为违约金。

　　再如前面调解案件三中，调解情况：调解员陈广在尊重法律的基础上对双方当事人作出了耐心的讲解：指出就本案的情形来看，按照相关法律的规定，张某与刘某签订的合同是经过登记公示的，具有优先于王某与刘某签订的合同的效力，所以张某取得承包经营权。王某可以要求刘某承担违约责任，比如对他做出一定的经济赔偿，但不能要求张某把地让给他承包。但王某对此不服，认为自己先签了合同，就应该由自己承包。自己不想得了赔偿款却没有地种，所以不接受调解员提出的调解方案，调解以失败告终。

3. 人民调解员调解案件登记单范例（以上述调解案件六为例）

人民调解员调解案件登记单

编号：XXXX　　　　　　　　　　　　　　正本

XXXX年XX月日，调解李某、张某之间的纠纷。

纠纷是①√依申请调解②主动调解③接受委托或移交调解。

纠纷类型：（1）婚姻家庭纠纷（2）邻里纠纷（3）房屋宅基地纠纷（4）√合同纠纷（5）损害赔偿纠纷（6）劳动纠纷（7）村务管理纠纷（8）山林土地纠纷（9）征地拆迁纠纷（10）环境污染纠纷（11）道路交通事故纠纷（12）物业纠纷（13）医疗纠纷（14）其他纠纷

调解情况：

　　1. 调解成功，达成①√口头协议②书面协议。

　　2. 调解不成，告知当事人通过①行政②仲裁③诉讼④其他途径解决。

　　调　解　员：陶毅

　　记录日期：XXXX 年 XX 月 XX 日

　　　　　　　　　　　　　　XXXXXX 人民调解委员会

　　编号：XXXX　　　　　　　　　　　　　　　正本

人民调解员调解案件登记单

XXXX 年 XX 月 XX 日，调解李某、张某之间的纠纷。

　　纠纷是①√依申请调解②主动调解③接受委托或移交调解。

　　纠纷简要情况：张某因供孩子大学向李某借款两万元，张某写了收据给李某言明借李某两万元，并在一年后还清，但双方并未约定利息。一年后张某将两万元现金还给李某但没有支付利息。李某要求张某付息，但张某拒绝支付利息。

　　调解情况：人民调解员在尊重法律的基础上对纠纷双方当事人作出了耐心的讲解与疏导，最终，二人达成了口头调解协议，李某不再要求张某支付利息。

　　调　解　员：陶毅

　　记录日期：XXXX 年 XX 月 XX 日

　　　　　　　　　　　　　　XXXXXX 人民调解委员会

　　备注：1、本单用于统计人民调解员调解纠纷工作量，由人民调解员填写。

　　　　　2、在本单相关栏目序号上打√。

　　　　　3、本单一式两联，正本联沿虚线裁下交人民调解员所在人民调解委员会，存根联由人民调解员留存。

4. 相关法条链接

《司法部关于贯彻实施〈中华人民共和国人民调解法〉的意见》

16. 加强人民调解统计报送工作。要全面、及时地对人民调解工作情况进行登记和统计。人民调解员调解每一件纠纷，都应当填写《人民调解员调解案件登记单》。人民调解委员会应当按期填写《人民调解委员会调解案件汇总登记表》，及时向司法行政机关报送《人民调解组织队伍经费保障情况统计表》、《人民调解案件情况统计表》。

调解案件一涉及法条：

《中华人民共和国合同法》

第一百九十条　赠与可以附义务。

赠与附义务的，受赠人应当按照约定履行义务。

第一百九十二条　受赠人有下列情形之一的，赠与人可以撤销赠与：

（一）严重侵害赠与人或者赠与人的近亲属；

（二）对赠与人有扶养义务而不履行；

（三）不履行赠与合同约定的义务。

赠与人的撤销权，自知道或者应当知道撤销原因之日起一年内行使。

调解案件二涉及法条：

《中华人民共和国合同法》

第一百零八条　当事人一方明确表示或者以自己的行为表明不履行合同义务的，对方可以在履行期限届满之前要求其承担违约责任。

第二百一十六条　出租人应当按照约定将租赁物交付承租人，并在租赁期间保持租赁物符合约定的用途。

调解案件三涉及法条：

《中华人民共和国物权法》

第一百二十九条　土地承包经营权人将土地承包经营权互换、转让，当事人要求登记的，应当向县级以上地方人民政府申请土地承包经营权变更登记；未经登记，不得对抗善意第三人。

调解案件四涉及法条：

《中华人民共和国物权法》

第七十一条　业主对其建筑物专有部分享有占有、使用、收益和处分的权利。业主行使权利不得危及建筑物的安全，不得损害其他业主的合法权益。

调解案件五涉及法条：

《中华人民共和国合同法》

第一百六十六条　出卖人分批交付标的物的，出卖人对其中一批标的物不交付或者交付不符合约定，致使该批标的物不能实现合同目的的，买受人可以就该批标的物解除。

出卖人不交付其中一批标的物或者交付不符合约定，致使今后其他各批标的物的交付不能实现合同目的的，买受人可以就该批以及今后其他各批标的物解除。

买受人如果就其中一批标的物解除，该批标的物与其他各批的物相互依存的，可以就已经交付和未交付的各批标的物解除。

调解案件六涉及法条：

《中华人民共和国合同法》

第二百一十条　自然人之间的借款合同，自贷款人提供借款时生效。

第二百一十一条　自然人之间的借款合同对支付利息没有约定或者约定不明确的，视为不支付利息。

自然人之间的借款合同约定支付利息的，借款的利率不得违反国家有关限制借款利率的规定。

（二）人民调解委员会调解案件汇总登记表

人民调解委员会调解案件汇总登记表是由人民调解委员会根据《人民调解员调解案件登记单》汇总填写的，作为掌握了解调解员工作情况的依据。此表对于掌握和分析各地区人民调解案件情况等有着重要的价值。

下面，我们对调解案件汇总登记表的制作以及其他相关知识予以说明。

例如：某调解委员会的调解员王小明在一年当中调解纠纷12起，其中达成口头协议的3起，达成书面协议的7起，调解不成的2起，已经履行的9起，未履行的1起。调解员王丽在一年当中调解纠纷

10 起，其中达成口头协议的 5 起，达成书面协议的 4 起，调解不成的 1 起，已经履行的 8 起，未履行的 1 起。调解员刘冲在一年当中调解纠纷 14 起，其中达成口头协议的 8 起，达成书面协议的 3 起，调解不成的 3 起，已经履行的 9 起，未履行的 2 起。调解员段飞在一年当中调解纠纷 9 起，其中达成口头协议的 4 起，达成书面协议的 4 起，调解不成的 1 起，已经履行的 6 起，未履行的 2 起。

1. 人民调解委员会调解案件汇总登记表格式参考

___年__月 _____人民调解委员会调解案件汇总登记表

填报日期：

调解员姓名	调解案件数	调解结果			履行情况		备　注
		达成协议		调解不成	已履行	未履行	
		口头	书面				

填表人：　　　　　　　　　审核人：

说明：本表由人民调解委员会根据《人民调解员调解案件登记单》汇总填写，作为掌握了解调解员工作情况的依据。

2. 人民调解委员会调解案件汇总登记表使用详解

（1）调解员姓名。写明案件对应的调解员的姓名。

（2）调解案件数。主要写明一段时期内某调解员所调解的案件的总数量。

（3）调解结果。主要写明案件的最终处理情况。如是否达成协议，如达成协议，是口头协议还是书面协议，这些都要在表格中体现出来。即使没有调解成功，也要在表格中注明。

（4）履行情况。主要写明案件经调解成功后，当事人就财产、行为等履行的情况。已履行的标明"已履行"，未履行的标明"未履行"，一定要实事求是。

（5）备注。主要写明关于所调解案件对应的一些其他的情况。

（6）填报人和审核人。写明表格的填报人和审核人的姓名。

3. 人民调解委员会调解案件汇总登记表范例

2011 年 XX 月 XXXXXX 人民调解委员会调解案件汇总登记表

填报日期：XXXX 年 X 月 X 日

调解员姓名	调解案件数	调解结果			履行情况		备　注
		达成协议		调解不成	已履行	未履行	
		口头	书面				
王小明	12	3	7	2	9	1	
王丽	10	5	4	1	8	1	
刘冲	14	8	3	3	9	2	
段飞	9	4	4	1	6	2	

填表人：张某某　　　　　审核人：江某

4. 相关法条链接

《中华人民共和国人民调解法》

第二十七条　人民调解员应当记录调解情况。人民调解委员会应当建立调解工作档案，将调解登记、调解工作记录、调解协议书等材料立卷归档。

《司法部关于贯彻实施〈中华人民共和国人民调解法〉的意见》

16. 加强人民调解统计报送工作。要全面、及时地对人民调解工作情况进行登记和统计。人民调解员调解每一件纠纷，都应当填写《人民调解员调解案件登记单》。人民调解委员会应当按期填写《人民调解委员会调解案件汇总登记表》，及时向司法行政机关报送《人民调解组织队伍经费保障情况统计表》、《人民调解案件情况统计表》。

（三）人民调解组织队伍经费保障情况统计表

1. 人民调解组织队伍经费保障情况统计表格式参考

人民调解组织队伍经费保障情况统计表

制表单位：　　　　　　　　　　　　　填报日期：　　年　　月　　日

项目		单位	序号	
组织情况				
居委会设调委会 村委会设调委会	调委会总数	个	1	
	村委会建制数	个	2	
	村委会调委会数	个	3	
	居委会建制数	个	4	
	居委会调委会数	个	5	
乡镇调委会	乡镇建制数	个	6	
	乡镇调委会数	个	7	
街道调委会	街道建制数	个	8	
	街道调委会数	个	9	
企事业单位调委会数		个	10	
社会团体和其他组织调委会	交通事故调委会数	个	11	
	医疗纠纷调委会数	个	12	
	劳动争议调委会数	个	13	
	物业纠纷调委会数	个	14	
	其他调委会数	个	15	
队伍情况				
调解员总人数		人	16	
其中	村调委会人数	人	17	
	居调委会人数	人	18	
	乡镇调委会人数	人	19	
	街道调委会人数	人	20	
	企事业单位调委会人数	人	21	
	社会团体和其他组织调委会人数 交通事故调委会人数	人	22	
	医疗纠纷调委会人数	人	23	
	劳动争议调委会人数	人	24	
	物业纠纷调委会人数	人	25	
	其他调委会人数	人	26	
人员构成	专兼职 专职	人	27	
	兼职	人	28	
	推选聘任 推选（调解员）	人	29	
	聘任（调解员）	人	30	
	文化程度 高中（含）以上	人	31	
培训情况		人次	32	
表彰情况	集体	个	33	
	个人	人	34	
因公伤亡情况	致伤	人	35	
	牺牲	人	36	
保障情况				
司法行政机关指导人民调解工作经费		万元	37	
人民调解委员会工作补助经费		万元	38	
人民调解员补贴经费		万元	39	

审核人：　　　　　　　　　　　　　填报人：

2. 人民调解组织队伍经费保障情况统计表填表详解

（1）填报单位和报送要求

本表填写单位为省（区、市）司法行政机关。地（市、州）、县（市、区）司法局，乡镇（街道）司法所，各类人民调解委员会所填写报表由省级司法行政机关参照此表并结合实际自行确定。

也就是说，本表是由省级、区级、市级司法行政机关填写的，如辽宁省司法厅、北京市司法局、内蒙古司法厅等等。而地级市、县、县级市、市辖区等司法局，乡镇等司法所，是不填本表的，这些单位所填的关于组织队伍经费保障方面的表格由其所在的省级司法行政机关参照本表并结合实际自行确定。

本表报送周期为半年报和年报。半年报统计周期为本年度1月1日至6月30日，7月20日前报到司法部。年报统计周期为本年度1月1日至12月31日，次年1月20日前报到司法部。

也就是说，对于半年报的情形，所报内容覆盖时间为本年度的1月1日至6月30日，而报送截止日期为7月20日，报送对象为司法部。相应地，对于年报的情形，所报内容覆盖时间为本年度的1月1日至12月31日，而报送截止日期为第二年的1月20日，报送对象也为司法部。

（2）指标解释

① 组织情况：由于村、居、乡镇、街道的合并撤销，其建制数随之变化，为掌握建制数和所设调委会数，在该项中要分别填写统计期内的建制数和所设的调委会数。

请注意我们要填写的统计数据是"统计期内"的数量，这个数量一定要实事求是。

② 第15项"其他调委会数"指除11、12、13、14项所列调委会之外的社会团体和其他组织调委会。驻公安、法院等单位的调解室，属于人民调解委员会的派驻机构，不应计算在内。

即"其他调委会"指除了交通事故调委会、医疗纠纷调委会、劳动争议调委会、物业纠纷调委会以外的社会团体和其它调委会。

③ 第17至20项中担任村（居）调委会主任并兼任乡镇、街道调委会委员的只作一次统计。

　　第 17 至 20 项依次为：村调委会人数、居调委会人数、乡镇调委会人数、街道调委会人数。那么相应地对于上面这句话的理解就是：某人，比如李某是某村调解委员会的主任，同时，李某又兼任乡镇调解委员会的委员，那么，对于李某这个人的统计，只做一次，即要么就给他归到"村调委会人数"中，要么就给他归到"乡镇调委会人数"中，而不能在这两个调解委员会中都就李某统计一次。

　　④ 培训情况：统计期内人民调解员参加县级以上司法行政机关组织培训的人次数。

　　请注意参加的培训应当是县级以上司法行政机关组织的，含县级。

　　⑤ 表彰情况：乡镇街道以上党委政府表彰、司法行政机关表彰和其他相关部门表彰人民调解委员会个数和人民调解员人数。

　　⑥ 保障情况：指司法行政机关指导人民调解工作经费、人民调解委员会工作补助经费和人民调解员补贴经费。其中，人民调解委员会工作补助经费和人民调解员补贴经费（第 38 、39 项），包括各级财政保障经费、司法行政机关划拨经费和村（居）委会、企事业单位、社会团体或其他组织为人民调解开展工作提供的工作经费。

　　（3）数据关系

1＝（3＋5＋7＋9）＋10＋（11＋12＋13＋14＋15）

16＝（17＋18＋19＋20＋21）＋（22＋23＋24＋25＋26）

16＝27＋28

16＝29＋30

　　以上的数字，代表的是表格内序号所横向对应的一栏。相加的数据关系，则代表该数字所对应的条目加在一起与总条目的一致性。

　　例如 16＝29＋30 的意思就是：调解员总人数＝推选调解委员＋聘任调解员。换句话说，"推选调解委员"和"聘任调解员"的人数加在一起，就是调解员总人数。

3. 人民调解组织队伍经费保障情况统计表相关小知识现场咨询

☞ 调解员：人民调解工作经费的开支范围包括哪些？

　　解答员：人民调解工作经费的开支范围包括以下三方面：

　　（1）司法行政机关指导人民调解工作经费。该部分包括：人民调解工作宣传经费、培训经费、表彰奖励费等。

（2）人民调解委员会工作补助经费。该部分经费是指对人民调解委员会购置办公文具、文书档案和纸张等的补助费。

（3）人民调解员补贴经费。该部分经费是指发放给被司法行政部门正式聘请的人民调解员调解纠纷的生活补贴费。

☞ 调解员：在人民调解委员会补助经费、人民调解员补贴经费的安排和发放中，通常会考虑哪些因素？

解答员：人民调解委员会补助经费、人民调解员补贴经费的安排和发放应考虑每个人民调解委员会及调解员调解纠纷的数量、质量、纠纷的难易程度、社会影响大小以及调解的规范化程度。此外，补助和补贴标准可由县级司法行政部门商同级财政部门确定。

4. 相关法条链接：

《司法部关于贯彻实施〈中华人民共和国人民调解法〉的意见》

16. 加强人民调解统计报送工作。要全面、及时地对人民调解工作情况进行登记和统计。人民调解员调解每一件纠纷，都应当填写《人民调解员调解案件登记单》。人民调解委员会应当按期填写《人民调解委员会调解案件汇总登记表》，及时向司法行政机关报送《人民调解组织队伍经费保障情况统计表》、《人民调解案件情况统计表》。

《司法部关于加强行业性专业性人民调解委员会建设的意见》

三、积极推动行业性、专业性人民调解委员会建设

司法行政机关要切实加强与有关行业管理部门、社会团体和组织联系和沟通，相互支持、相互配合，共同指导和推动行业性、专业性人民调解委员会的建立。社会团体或者其他组织可以结合相关行业和专业特点，在县级司法行政机关的指导下，设立行业性、专业性人民调解委员会，并将人民调解委员会以及人员组成及时报送所在地县级司法行政机关。行业性、专业性人民调解委员会要以方便调解为目的设立办公地点，名称由"所在市、县或者乡镇、街道行政区划名称"、"行业、专业纠纷类型"和"人民调解委员会"三部分内容依次组成。人民调解委员会在特定场所设立人民调解工作室调解特定民间纠纷的，名称由"人民调解委员会名称"、"派驻单位名称"和

"人民调解工作室"三部分内容依次组成。要在固定的调解场所内悬挂统一的人民调解工作标识，公开人民调解制度及调委会组成人员，便于当事人选择调解员调解纠纷。

五、健全完善行业性、专业性人民调解委员会保障机制

各级司法行政机关应当会同相关部门按照人民调解法的规定和财政部、司法部《关于进一步加强人民调解工作经费保障的意见》（财行〔2007〕179号）的要求，积极争取党委、政府和有关部门的重视和支持，把行业性、专业性人民调解委员会工作经费纳入政府保障，全面落实人民调解工作指导经费、人民调解委员会补助经费、人民调解员补贴经费。设立行业性、专业性人民调解委员会的社会团体或者其他组织，应当为其开展工作提供办公条件和必要的工作经费。要积极争取各级党委、政府和有关部门出台地方性法规、规章和政策，为行业性、专业性人民调解委员会开展工作提供法律或者政策保障。

《财政部、司法部关于进一步加强人民调解工作经费保障的意见》

一、人民调解工作经费的开支范围

根据司法部、财政部修订的《司法业务费开支范围的规定》〔(85)司发计字第384号〕和人民调解工作发展的需要，人民调解工作经费的开支范围包括司法行政机关指导人民调解工作经费、人民调解委员会工作补助经费、人民调解员补贴经费。

1. 司法行政机关指导人民调解工作经费包括：人民调解工作宣传经费、培训经费、表彰奖励费等；

2. 人民调解委员会补助经费是指对人民调解委员会购置办公文具、文书档案和纸张等的补助费；

3. 人民调解员补贴经费是指发放给被司法行政部门正式聘请的人民调解员调解纠纷的生活补贴费。

二、人民调解工作经费的保障办法

1. 司法行政机关指导人民调解工作经费列入同级财政预算。

2. 为支持人民调解委员会和人民调解员的工作，地方财政可根据当地经济社会发展水平和财力状况，适当安排人民调解委员会补助

经费和人民调解员补贴经费。乡镇（街道）、村（居）委会、企事业单位等设立人民调解委员会和人民调解员的机构应继续在各方面对其提供支持。

3. 人民调解委员会补助经费、人民调解员补贴经费的安排和发放应考虑每个人民调解委员会及调解员调解纠纷的数量、质量、纠纷的难易程度、社会影响大小以及调解的规范化程度。补助和补贴标准可由县级司法行政部门商同级财政部门确定。

三、人民调解工作经费的管理

1. 人民调解工作经费由各级财政部门会同司法行政部门共同管理。司法行政部门要每年编报经费预算，报同级财政部门审批；使用过程中要严格把关，杜绝弄虚作假、瞒报、虚报现象。财政部门要加强对司法行政部门人民调解工作经费管理的监督检查。

2. 财政部门和司法行政部门要加强协调配合，及时研究解决工作中遇到的新情况、新问题，将人民调解工作经费保障落到实处，促进人民调解工作的进一步发展。

《最高人民法院、司法部关于进一步加强新形势下人民调解工作的意见》

十、切实保障人民调解经费。要根据新形势下人民调解工作发展的实际需要，积极推进建立人民调解经费财政保障机制，切实提高人民调解工作物质保障能力。要根据当地经济社会发展水平，不断提高人民调解委员会工作经费和人民调解员补贴标准。要认真贯彻落实《财政部司法部关于进一步加强人民调解工作经费保障的意见》，把司法行政机关指导人民调解工作经费、人民调解委员会工作经费和人民调解员补贴经费列入财政预算，切实予以保障。要切实加强人民调解经费管理，研究制定使用管理办法，管好用好人民调解经费。

（四）人民调解案件情况统计表

1. 人民调解案件情况统计表格式参考

下面，我们对表格的填写以及其他相关知识予以说明。

人民调解案件情况统计表

填报单位：　　　　　　　　　　　　　填报日期：　　年　月　日

项目		单位	序号
调解情况	调解案件总数	件	1
	涉及当事人数	人	2
	调解成功案件	件	3
	疑难复杂案件	件	4
	协议涉及金额	万元	5
不同主体调解情况	村居调委会调解案件数	件	6
	乡镇街道调委会调解案件数	件	7
	企事业单位调委会调解案件数	件	8
	社会团体和其他调解组织调委会调解案件数	件	9
案件来源	主动调解	件	10
	依申请调解	件	11
	接受委托移送调解	件	12
案件分类情况	婚姻家庭纠纷	件	13
	邻里纠纷	件	14
	房屋宅基地纠纷	件	15
	合同纠纷	件	16
	生产经营纠纷	件	17
	损害赔偿纠纷	件	18
	劳动争议纠纷	件	19
	农村土地承包管理纠纷	件	20
	山林土地纠纷	件	21
	征地拆迁纠纷	件	22
	计划生育纠纷	件	23
	环境保护纠纷	件	24
	道路交通事故纠纷	件	25
	医疗纠纷	件	26
	物业纠纷	件	27
	其他纠纷	件	28
协议形式	口头协议	件	29
	书面协议	件	30
履行情况	履行	件	31
	司法确认	件	32
	达成协议后起诉	件	33
	法院判决维持	件	34
排查预防情况	排查纠纷	次	35
	预防纠纷	件	36
	防止民间纠纷引起自杀	件	37
		人	38
	防止民间纠纷转化为刑事案件	件	39
		人	40
	防止群体性上访	件	41
		人	42
	防止群体性械斗	件	43
		人	44

填报人：　　　　　　　　　　　　　审核人：

2. 人民调解案件情况统计表填表详解

（1）填报单位和报送要求

本表填写单位为省（区、市）司法行政机关。地（市、州）、县（市、区）司法局，乡镇（街道）司法所，各类人民调解委员会所填写报表由省级司法行政机关参照此表并结合实际自行确定。

也就是说，本表是由省级、区级、市级司法行政机关填写的，如辽宁省司法厅、北京市司法局、内蒙古司法厅等等。而地级市、县、县级市、市辖区等司法局，乡镇等司法所，是不填本表的，这些单位所填的人民调解案件情况统计表由其所在的省级司法行政机关参照本表并结合实际自行确定。

省（区、市）司法行政机关报送本表周期为季报和年报。季报统计周期为：第一季度从本年度 1 月 1 日至 3 月 31 日底，4 月 20 日前报到司法部，第二、三季度，以此类推。第四季度按年报统计报送，统计周期为本年度 1 月 1 日至 12 月 31 日，次年 1 月 20 日前报到司法部。

也就是说，对于季报的情形，所报内容覆盖时间为某季度第一个月的第 1 日至第三个月的最后一日，而报送截止日期为下一季度第一个月的第 20 日，报送对象为司法部。四季度按年报统计报送，对于年报的情形，所报内容覆盖时间为本年度的 1 月 1 日至 12 月 31 日，而报送截止日期为第二年的 1 月 20 日，报送对象也为司法部。

各类人民调解委员会每月向县级司法行政机关报送，县级司法行政机关每季度向省级司法行政机关报送。

（2）指标解释

第 1 项"调解案件总数"指纠纷当事人申请调解、调委会主动调解和有关部门委托移送调解的案件数，无论调解成功，还是不成功都应计算在内。

即只要经过调解的案件都要包括在内。

第 4 项"疑难复杂纠纷"指涉及当事人众多、权利义务关系复杂、久调不结、调解周期长的纠纷，可能导致矛盾激化、群体性事件、越级上访或民事纠纷转化为刑事案件的纠纷，以及具有重大社会影响或人员伤亡的纠纷。

如某小区业主与物业管理公司之间的纠纷，就属于一方当事人众多的纠纷，相应地，如果出现权利义务关系复杂、久调不结、矛盾激化等情形的，那么此纠纷就可以归类到"疑难复杂纠纷"。

第5项"协议涉及金额"指统计期内调解纠纷达成口头协议和书面协议，所涉及的金额。

请注意，口头协议涉及金额的，也包含在内。

第13至28项"案件分类情况"指当一个案件涉及多个类型时，仅依其中一类属性进行统计。

如果一个纠纷即是合同纠纷，又是山林土地纠纷，那么，只就这个纠纷统计一次。要么，将其统计到合同纠纷里，要么，将其统计到山林土地纠纷里，而不能将此纠纷在合同纠纷和山里土地纠纷各统计一次。

第13项"婚姻家庭纠纷"指家庭成员之间发生的纠纷，包括夫妻、婆媳、姑嫂、翁婿、妯娌等因生活琐事发生的纠纷和离婚、继承、赡养、抚养、家产分析等纠纷。

一般地，涉及家庭矛盾的纠纷，多为"婚姻家庭纠纷"。

第18项"损害赔偿纠纷"指基于民事侵权行为的赔偿责任引发的纠纷。因劳动争议、道路交通事故、医疗、物业管理引起的损害赔偿纠纷，统计在劳动争议纠纷、道路交通事故纠纷、医疗纠纷、物业纠纷栏内。

此处注意，损害赔偿纠纷是因劳动争议、道路交通事故、医疗、物业管理引起的，则不归到"损害赔偿纠纷"里，其相应地归类到自己所属的纠纷领域。

第21项"山林土地纠纷"指因林权制度改革、土地承包、草场、滩涂使用等引发的纠纷。

现实中，因土地流转，如承包、转包等情形发生的纠纷较为常见。

第24项"环境保护纠纷"指因施工扰民、环境污染等引发的纠纷。

环境保护纠纷即与环境因素有关的侵权纠纷。

（3）数据关系

1＝6＋7＋8＋9

1＝10＋11＋12

1＝13＋14＋15＋16＋17＋18＋19＋20＋21＋22＋23＋24＋25＋26＋27＋28

1≥29＋30

1≥3

以上的数字，代表的是表格内序号所横向对应的一栏。

相加的数据关系，则代表该数字所对应的条目加在一起与总条目的一致性。

例如1＝6＋7＋8＋9的意思就是：第1项（调解案件总数）＝第6项（村居调委会调解案件数）＋第7项（乡镇街道调解案件数）＋第8项（企事业单位调委会调解案件数）＋第9项（社会团体和其他组织调委会调解案件数）。

大于等于的数据关系，则代表该数字所对应的条目加在一起不超过总条目。

例如1≥29＋30的意思就是：第1项（调解案件总数）≥第29项（口头协议）＋第30项（书面协议）。换句话说，就是达成口头协议的案件和达成书面协议的案件加在一起，不超过所统计的调解案件的总数。因为，有些案件，可能是调解未成功的，这样的案件即没有达成口头调解协议，也没有达成书面调解协议。由此，反过来讲，所有调解案件的总数是有可能大于调解成功的案件总数的。

3. 人民调解案件情况统计表相关小知识现场咨询

填表人：填写人民调解案件情况统计表时，应当注意哪些问题？

解答员：填写人民调解案件情况统计表时，一是要仔细、细致。二就是一定要客观、真实、做到实事求是，不能夸大工作成绩。如明明有些案件没有调解成功，而将其列为达成口头协议之列。这些，都是不可以的。

填表人：有哪些不同的调解主体？

解答员：根据司法部发布的《人民调解案件统计表》，目前的调解主体是以下四类：

　　1. 村居委会调解委员会

　　2. 乡镇街道调解委员会

　　3. 企事业单位调解委员会

　　4. 社会团体和其他组织调解委员会

　　需要注意的是，根据《人民调解法》第三十四条的规定，社会团体或者其他组织根据需要可以设立人民调解委员会，调解民间纠纷。为进一步加强行业性、专业性人民调解委员会建设，充分发挥人民调解化解矛盾纠纷、维护社会稳定的职能作用，司法部于 2011 年 5 月发布了《关于加强行业性专业性人民调解委员会建设的意见》的通知，该通知明确提出了要大力加强行业性、专业性人民调解委员会建设，完善人民调解制度，并指出行业性、专业性人民调解委员会由社会团体或者其他组织设立，由所在地的县级司法行政机关负责履行统计、培训等指导职责。

　　填表人：行业性、专业性人民调解委员会也要向司法行政机关报送《人民调解案件情况统计表》吗？

　　解答员：是的。根据司法部《关于加强行业性专业性人民调解委员会建设的意见》的通知，第六条规定，行业性、专业性的人民调解委员会，要按照统一的统计口径，对人民调解工作情况进行登记和统计，及时向司法行政机关报送《人民调解组织队伍经费保障情况统计表》以及《人民调解案件情况统计表》。

　　4. 相关法条链接：

　　《司法部关于贯彻实施〈中华人民共和国人民调解法〉的意见》

　　16. 加强人民调解统计报送工作。要全面、及时地对人民调解工作情况进行登记和统计。人民调解员调解每一件纠纷，都应当填写《人民调解员调解案件登记单》。人民调解委员会应当按期填写《人民调解委员会调解案件汇总登记表》，及时向司法行政机关报送《人民调解组织队伍经费保障情况统计表》、《人民调解案件情况统计表》。

　　《司法部关于加强行业性专业性人民调解委员会建设的意见》

　　二、社会团体或者其他组织设立行业性、专业性人民调解委员会

的基本要求

加强行业性、专业性人民调解委员会建设，必须严格遵守人民调解法的各项规定，坚持人民调解的特点和基本属性；必须坚持在当事人自愿、平等的基础上进行调解，不违背法律、法规和国家政策，尊重当事人的权利；必须坚持围绕中心、服务大局，围绕党委、政府和广大群众关注的难点、热点问题开展工作；必须体现行业性、专业性人民调解委员会的特点，针对特定行业和专业领域的矛盾纠纷，运用专业知识，有针对性地开展矛盾纠纷预防化解工作，实现提前预防、及时化解、定分止争、案结事了；必须坚持司法行政机关的指导，确保行业性、专业性人民调解委员会的各项工作健康、规范、有序开展。行业性、专业性人民调解委员会由社会团体或者其他组织设立，由所在地的县级司法行政机关负责履行统计、培训等指导职责。

三、积极推动行业性、专业性人民调解委员会建设

……社会团体或者其他组织可以结合相关行业和专业特点，在县级司法行政机关的指导下，设立行业性、专业性人民调解委员会，并将人民调解委员会以及人员组成及时报送所在地县级司法行政机关。行业性、专业性人民调解委员会要以方便调解为目的设立办公地点，名称由"所在市、县或者乡镇、街道行政区划名称"、"行业、专业纠纷类型"和"人民调解委员会"三部分内容依次组成。人民调解委员会在特定场所设立人民调解工作室调解特定民间纠纷的，名称由"人民调解委员会名称"、"派驻单位名称"和"人民调解工作室"三部分内容依次组成。要在固定的调解场所内悬挂统一的人民调解工作标识，公开人民调解制度及调委会组成人员，便于当事人选择调解员调解纠纷。

六、加强行业性、专业性人民调解委员会业务建设

要根据矛盾纠纷的性质、难易程度和当事人的具体情况，充分发挥行业性、专业性人民调解委员会的职能优势，有针对性地开展调解工作。……要按照统一的文书格式，规范卷宗档案格式，制作调解卷宗，做到一案一卷。要按照统一的统计口径，对人民调解工作情况进行登记和统计，及时向司法行政机关报送《人民调解组织队伍经费保障情况统计表》、《人民调解案件情况统计表》。

三、调解卷宗案例示范

司法部印发的人民调解员调解案件登记单中涵盖了以下纠纷类型：（1）婚姻家庭纠纷（2）邻里纠纷（3）房屋宅基地纠纷（4）合同纠纷（5）损害赔偿纠纷（6）劳动纠纷（7）村务管理纠纷（8）山林土地纠纷（9）征地拆迁纠纷（10）环境污染纠纷（11）道路交通事故纠纷（12）物业纠纷（13）医疗纠纷（14）其他纠纷。其中第14项"其他纠纷"是指除前13项以外的纠纷。如"知识产权纠纷"，即属于前面13项纠纷之外的"其他纠纷"。下面，为了更为系统地介绍人民调解卷宗的制作，我们选择了其中一些常见的纠纷，制作了几套完整的卷宗，以供人民调解员在实际工作中参考。

在这里，需要说明的是：人民调解委员会调解纠纷，一般应当制作调解卷宗，一案一卷。对于纠纷调解过程简单或者达成口头调解协议的，也可多案一卷，定期集中组卷归档。所谓的"多案一卷"，就是将纠纷类型相同的案卷放在同一卷宗类别和同一个卷号的档案袋里。例如：有两个简单的邻里纠纷案件，要将这两份案件制作成多案一卷，就只需要将每个案件的材料分别按照人民调解申请书、人民调解受理登记表、人民调解调查记录、人民调解证据材料、人民调解记录、人民调解协议书或人民调解口头协议登记表、人民调解回访记录、司法确认有关材料、卷宗情况说明、封底的顺序依次放好（当然，有的材料在一些案件可能不存在，如当事人口头申请的或人民调解委员会主动发现的、群众反映的或者有关部门移送的，即由人民调解委员会主动调解的民间纠纷就不用填写"人民调解申请书"；对于一个调解成功的纠纷，如达成书面协议，就存在"人民调解协议书"，而达成口头协议的，就存在"人民调解口头协议登记表"；调解未达成协议的，就不存在协议书、回访记录和司法确认材料等），然后，将这两份按顺序排好的材料，装进写着同一卷宗类别（如邻里纠纷）和同一个卷号（如2010110）的档案袋里即可。但是，同一个卷宗最多不能超过5个案件。

此外，如果当事人要求对调解协议进行司法确认，可由当事人或者其委托的人向有管辖权的人民法院提出"司法确认申请"，递交司法确认申请书；人民法院经审查认为属于司法确认范围，会发给当事人受理通知书；如果确认调解协议的效力，则会做出"确认决定书"；如果法院认为协解协议不符合确认条件而决定不予确认，则会做出"不予确认决定书"。为正确适用《最高人民法院关于人民调解协议司法确认程序的若干规定》，统一文书样式，最高人民法院还制作了司法确认文书样式四篇，包括司法确认申请书、受理通知书、确认决定书和不予确认决定书。下面的人身侵权赔偿纠纷案卷中，即介绍了对人民调解司法确认的相关情况及文书格式，具体见该卷宗"司法确认有关材料"部分。

（一）人身侵权赔偿纠纷调解案例立卷归档示范

案例：因动物伤人引发的侵权赔偿纠纷

袁某喜欢养狗，并在家养了一条大狼狗。当地不允许养烈性犬，袁某一直把它关在他家后院一间房子里。为防止狼狗咬人，袁某用一条很粗的绳把它拴住。2011 年 5 月 5 日，做废品收购生意的田某到袁某家收废品，出于好奇想看一下狼狗，田某看到狼狗一直都趴在地上，于是拿石头去丢它，没想到被狼狗咬伤胳膊。田某打狂犬病疫苗、治疗等共花去 2200 元，要求袁某赔偿全部损失。袁某说田某被狗咬是咎由自取，谁让他没事儿逗狗来着？所以坚持不肯赔偿。双方就此发生争议。后来田某向人民调解委员会申请了调解。

人民调解委员会受理了此案，调解员孙放就事实情况对当事人进行了询问，完全清楚了事情的来龙去脉。在此基础上，依据相关法律对双方当事人展开了调解工作。孙放把工作的重点放到了养犬者袁某的身上。他告诉袁某，饲养动物咬伤他人，按照相关法律的规定饲养人是应该承担责任的。

袁某认为，自家的狼狗是拴在院子里的，如果田某不是自己凑过去逗狼狗，狼狗不可能咬到他，田某自己也有过错，让他全部赔偿，他觉得不公平。看到袁某一时想不通，孙放告诉袁某，一般情况下，动物伤人如果受害人自己有过错，的确应该自己承担一部分责任，但在本案中有一点非常重要，就是较之于一般动物，烈性犬危害性更大，造成的损害也更大，所以，按照法律的规定，烈性犬等凶猛动物的饲养人、管理人比饲养其他一般动物要负有更高的注意义务，承担更为严格的责任。我国《侵权责任法》第八十条规定："禁止饲养的烈性犬等危险动物造成他人损害的，动物饲养人或者管理人应当承担侵权责任。"从这一条规定可以看出，在饲养烈性犬等凶猛动物致人损害问题上，采用的规则比饲养一般动物致害责任的规则更严格。饲养烈性犬等凶猛动物只要造成他人伤害，饲养人就应当承担赔偿责任。从另外一个角度看，当地是不允许家养凶猛动物的，袁某饲养狼狗本身就是违反法律规定的行为。如今出了事情，应该做的是给人合理的赔偿，尽早息事宁人。

袁某知道了法律的相关规定后，觉得调解人员并非偏袒田某，自己的确应该给出合理的赔偿。最后双方当事人达成协议，袁某赔偿田某因被狗咬伤而支出的各项损失共计 2200 元。双方当事人为此还专门进行了司法确认。

XXXXXX 人民调解委员会

调解卷宗

卷　　　　名：田某与袁某之间的人身侵权赔偿纠纷

卷　　　　号：2011008

人民调解员：孙某　　　调解日期：2011 年 X 月 XX 日

立　卷　人：孙某　　　立卷日期：2011 年 X 月 XX 日

保 管 期 限：5 年[4]

备　　　　注：

---

4. 此案涉及的是人身侵权赔偿纠纷，调解成功并履行良好，因此保管期限可以短一些，定 5 年。

卷 内 目 录[5]

序号	文件名称	页号	备注
1	人民调解申请书	1	
2	人民调解受理登记表	2	
3	人民调解调查记录	3	
4	人民调解证据材料	5	
5	人民调解记录	6	
6	人民调解协议书	7	
7	人民调解回访记录	8	
8	司法确认有关材料	9	
9	卷宗情况说明	12	
10	封底	13	

---

5. 卷内目录内各文书格式都应各占一页，本书由于版面关系采用了连排。

人民调解申请书

申请人姓名　<u>田某</u>　性别　<u>男</u>　民族　<u>汉族</u>　年龄 <u>30 岁</u>
职业或职务　<u>自由职业</u>　联系方式　<u>137XXXXXXXX</u>
单位或住址　<u>XX 市 XX 区 XX 路 XX 号</u>

被申请人姓名　<u>袁某</u>　性别　<u>男</u>　民族　<u>汉族</u>　年龄 <u>55 岁</u>
职业或职务　<u>某造纸厂退休人员</u>　联系方式　<u>137XXXXXXXX</u>
单位或住址　<u>XX 市 XX 区 XX 路 XX 号</u>

纠纷简要情况：<u>我经营废品回收，2011 年 5 月 5 日去袁某家收</u>
<u>购废品时，看到袁某家院中拴有一条狼狗趴在地上，很好看。我想</u>
<u>让狼狗起来让自己看得更清楚一些，就走近拿起地上的一个小石子</u>
<u>向狼狗丢去，谁知触怒了狼狗，被它咬伤胳膊，后来打狂犬病疫苗、</u>
<u>治伤等花去 2200 元。我要狗主人袁某赔偿，但袁某认为狗咬伤我是</u>
<u>因为我自己逗狗，因此不肯赔偿。</u>

当事人申请事项：<u>由被申请人袁某承担申请人全部医药费，共</u>
<u>计约人民币 2200 元。</u>

人民调解委员会已将申请人民调解的相关规定告知我，现自愿
申请人民调解委员会进行调解。

申请人（按指印）：<u>田某</u>
<u>2011</u> 年 <u>X</u> 月 <u>XX</u> 日

人民调解受理登记表

　　2011 年 X 月 XX 日，人民调解委员会依当事人申请，经当事人同意，调解　袁某　、　田某　之间的纠纷。

　　纠纷类型：　人身侵权赔偿纠纷

　　案件来源：√①当事人申请②人民调解委员会主动调解

　　纠纷简要情况：申请人田某经营废品回收，2011 年 5 月 5 日去袁某家收购废品时，看到袁某家院中拴有一条狼狗，出于好奇田某想让狼狗起来让自己看得更清楚一些，就走近捡起地上的一个小石子向狼狗丢去，谁知触怒了狼狗，被狼狗咬伤胳膊，后来打狂犬病疫苗、治伤等花去 2200 元。田某要狗主人袁某赔偿，但袁某认为狗咬伤田某是因为田某逗狗，因此不肯赔偿，双方为此争执不下。

　　当事人（签名）：田某　王某

　　登记人（签名）：李某

　　　　　　　　　　　　　　　　　　　XXXXXX 人民调解委员会

　　　　　　　　　　　　　　　　　　　2011 年 X 月 XX 日

　　备注：此表由人民调解委员会填写

人民调解调查记录

时　间 2011 年 X 月 XX 日

地　点 XX 市 XX 区 XX 街道居委会

参加人 赵某

被调查人 袁某，男，55 岁，现住 XX 市 XX 区 XX 路 XX 号。

记录：我们是 XX 人民调解委员会的调解员孙某和李某，受田某的申请，来调解你与田某有关的人身侵权赔偿纠纷，现依法对你展开调查。根据《中华人民共和国人民调解法》第二十三、二十四条之规定，你享有下列权利：（1）选择或者接受人民调解员；（2）接受调解、拒绝调解或者要求终止调解；（3）要求调解公开进行或者不公开进行；（4）自主表达意愿、自愿达成调解协议。同时，你要履行下列义务：（1）如实陈述纠纷事实；（2）遵守调解现场秩序，尊重人民调解员；（3）尊重对方当事人行使权利。请问你听清楚没有？有问题没有？

被调查人袁某：听清楚了，没有问题。

调查人：咬伤田某的狼狗是你饲养的吧？

被调查人袁某：是的。

调查人：你知道本地有不准饲养烈性动物的规定吗？

被调查人袁某：知道，但是规定已是好多年前的，现在基本没人管了，实际上现在好多人家都养这种狗。而且为了防止狗伤人，我家的狗一直是栓在院子里的。

调查人：那怎么还会把田某咬伤呢？

被调查人袁某：本来我家的狗老老实实地在趴在院子里，是田某拿石子打它，狗才起来咬了他。

调查人：当时你没有制止狗吗？

被调查人袁某：我当时正在给田某找他要收购的废品，没有注意田某逗狗，等知道时狗已经咬到他了，我赶紧把狗拉开了。

调查人：好了，情况我们了解了，这是笔录，请阅读确认无误后签字。

被调查人袁某：好的。

调 查 人（签名）孙某　李某

被调查人（签名）袁某

记 录 人（签名）李某

人民调解证据材料

申请人田某提供其医药费单据作为证据。

此处附该单据复印件一份。

（此处占 1 页）

人民调解记录

时　　间 2011 年 X 月 XX 日

地　　点 XX 市 XX 区 XX 调解委员会

当事人 田某，男，30 岁，住址：XX 市 XX 区 XX 路 XX 号，联系方式：137XXXXXXXX 袁某，男，55 岁，住址：XX 市 XX 区 XX 路 XX 号，联系方式：137XXXXXXXX

参加人 张某，XX 市 XX 区 XX 街道办主任。

人民调解委员会已将人民调解的相关规定告知各方当事人。

调解记录：对于田某请求袁某赔偿医疗费这一纠纷，申请人田某认为：自己被袁某家的狗咬伤，袁某作为狗主人，理应承担医疗费用。而袁某认为，狗之所以咬伤田某，是因为田某自己拿石子打狗，狗才会咬他。田某被咬伤是咎由自取，因此只同意赔偿一半的费用。

在对此纠纷的调解过程中，调解员孙某在尊重法律的基础上对双方当事人作出了耐心的讲解：一般情况下，动物伤人如果受害人自己有过错，的确应该自己承担一部分责任，但在本案中有一点非常重要，就是较之于一般动物，烈性犬危害性更大，造成的损害也更大，所以，按照法律的规定，烈性犬等凶猛动物的饲养人、管理人比饲养其他一般动物要负有更高的注意义务，承担更为严格的责任。我国《侵权责任法》第八十条规定："禁止饲养的烈性犬等危险动物造成他人损害的，动物饲养人或者管理人应当承担侵权责任。"从这一条规定可以看出，在饲养烈性犬等凶猛动物致人损害问题上，采用的规则比饲养一般动物致害责任的规则更严格。饲养烈性犬等凶猛动物只要造成他人伤害，饲养人就应当承担赔偿责任。

调解结果：

√1、调解成功；2、调解不成；3、有待继续调解

当事人（签名盖章或按指印）：田某（按指印）

当事人（签名盖章或按指印）：袁某（按指印）

人　民　调　解　员（签名）：孙某

记　　录　　人（签名）：李某

2011 年 X 月 XX 日

人民调解协议书

编号 X 民调字（2011）08 号

　　当事人姓名　田某　　性别　男　　民族　汉族　　年龄 30 岁
职业或职务　自由职业　　联系方式　137XXXXXXXX
单位或住址　XX 市 XX 区 XX 路 XX 号

　　当事人姓名　袁某　　性别　男　　民族　汉族　　年龄 55 岁
职业或职务　自由职业　　联系方式：137XXXXXXXX
单位或住址：　XX 市 XX 区 XX 路 XX 号

　　纠纷主要事实、争议事项：2011 年 5 月 5 日，申请人田某去袁某家收购废品时，看到袁某家院中拴有一条狼狗，当时狼狗趴在地上，田某想让狼狗起来让自己看得更清楚一些，就走近拿起地上的一个小石子向狼狗丢去，谁知触怒了狼狗，被狼狗咬伤胳膊，后来打狂犬病疫苗、治伤等花去 2200 元。田某要狗主人袁某赔偿，但袁某认为狗咬伤田某是因为田某逗狗，因此不肯赔偿，双方为此争执不下。

　　经调解，自愿达成如下协议：被申请人袁某赔偿田某被狗咬伤花去的所有费用共 2200 元。

　　履行方式、时限：袁某应于 2011 年 6 月 10 日之前，交付人民币 2200 元（现金）给田某。

　　本协议一式三份，当事人、人民调解委员会各持一份。

　　当事人（签名盖章或按指印）田某（按指印）　　人民调解员（签名）：孙某

　　当事人（签名盖章或按指印）：袁某（按指印）　　记录人（签名）：李某

（人民调解委员会印章）

2011 年 X 月 XX 日

人民调解回访记录

当事人 田某，男，30 岁，住址：XX 市 XX 区 XX 路 XX 号，联系方式：137XXXXXXXX。

调解协议编号 X 民调字（2011）08 号

回访事由 田某请求袁某赔偿医疗费的纠纷

回访时间 2011 年 X 月 XX 日

回访情况：调解协议履行的很好，无矛盾激化现象发生。袁某于 2011 年 6 月 5 日将 2200 元医药费交与田某。当事人对人民调解委员会的工作也比较满意，希望人民调解员再接再厉，取得更好的成绩，充分发挥人民调解的优势，为人民服务。

回访人（签名）：孙某

XXXXXX 人民调解委员会
2011 年 X 月 XX 日

司法确认有关材料[6]

司法确认申请书

申请人：田某，男，汉族，30岁，自由职业，联系方式：137XXXXXXXX，住址：XX市XX区XX路XX号。

申请人：袁某，男，汉族，55岁，某造纸厂退休人员，联系方式：137XXXXXXXX，住址：XX市XX区XX路XX号。

申请人因人身侵权赔偿纠纷，于2011年5月22日经XX人民调解委员会主持调解，达成了如下调解协议：被申请人袁某赔偿田某被狗咬伤花去的所有费用共2200元。袁某应于2011年6月10日之前交付。

现请求XX人民法院依法对上述协议予以确认。

申请人出于解决纠纷的目的自愿达成协议，没有恶意串通、规避法律的行为；如果因为该协议内容而给他人造成损害的，愿意承担相应的民事责任和其他法律责任。

此致
　　XX人民法院

附：人民调解协议书1份
　　人民调解证据材料1份

申请人：田某
申请人：袁某
2011年X月XX日

---

6. 以下司法确认申请书、受理通知书、确认决定书格式均来源于2011年4月12日人民法院报。

XXX 人民法院
受理通知书（受理司法确认申请用）

（XXXX）调确字第 XX 号

田某/袁某：

你请求本院确认调解协议的申请已收到。经审查，你的申请符合条件，本院决定受理。现将有关事项通知如下：

一、申请人应当积极配合本院对调解协议进行审查，应当按照要求提供相关材料，如实回答问题；

二、在本院作出是否确认的决定前，申请人有权撤回司法确认申请；

三、如果本院依法确认调解协议有效，一方当事人拒绝履行或者未全部履行的，对方当事人可以向人民法院申请强制执行。如果本院决定不予确认调解协议效力，当事人可以通过人民调解方式变更原调解协议或者达成新的调解协议，也可以就相关纠纷向有管辖权的人民法院提起诉讼；当事人之间有仲裁协议的，可以向仲裁机构申请仲裁。

四、其他：

2011 年 X 月 XX 日

（院印）

XXX 人民法院
确认决定书（决定确认用）

（XXXX）调确字第 XX 号

申请人：田某，男，汉族，30 岁，自由职业，联系方式：137XXXXXXXX，住址：XX 市 XX 区 XX 路 XX 号。

申请人：袁某，男，汉族，55 岁，某造纸厂退休人员，联系方式：137XXXXXXXX，住址：XX 市 XX 区 XX 路 XX 号。

本院于 2011 年 X 月 X 日受理了申请人关于确认调解协议的申请。本院依法指定审判人员审查此案，现已审查完毕。

申请人因人身侵权赔偿纠纷，于 2011 年 5 月 22 日经 XX 人民调解委员会主持调解，达成了如下调解协议：被申请人袁某赔偿田某被狗咬伤花去的所有费用共 2200 元。袁某应于 2011 年 6 月 10 日之前交付。

本院现依法确认上述协议有效。双方当事人应当按照调解协议的约定自觉履行义务。一方当事人拒绝履行或者未全部履行的，对方当事人可以向人民法院申请强制执行。

本决定书自即日起发生法律效力。

审判员：李某

2011 年 X 月 X 日

（院印）

本件与原本核对无异

书记员：赵某

卷宗情况说明

本卷宗当事人申请书 1 份，人民调解受理登记表 1 份，人民调解调查记录 1 份，人民调解证据材料 1 份，人民调解记录 1 份，人民调解协议书 1 份，人民调解回访记录 1 份，司法确认材料 3 份。

本案当事人 2 人，调解经济金额 2200 元。

立卷人孙某

封底

立卷人：孙某

审核人：李某

立卷日期：2011 年 X 月 XX 日

（二）劳动纠纷调解案例立卷归档示范

案例：因劳动报酬引发的劳动纠纷

赵某与某家具公司签订了劳动合同。合同约定，赵某的月薪为2000元。一个月后，赵某足额领到第一个月的工资。但是，自第二个月开始，赵某领到的工资数额逐月减少。赵某向公司询问，公司声称赵某的工作业绩不好，因此适当地减薪。赵某不服，向公司抗议无果后，遂宣布解除与家具公司的劳动合同关系。公司以单方面不能解约为由，拒绝赵某辞职。后经赵某口头申请，此案被人民调解委员会受理。

在对此案的调解过程中，调解员胡某在尊重法律的基础上对双方当事人作出了耐心的讲解：赵某每月的薪金逐渐减少，这和最初与用人单位的约定是不同的，赵某可以单方面宣布解约。作为劳动者，在就业关系中本来就属于弱势群体，其合法权益很容易受到侵害。对此，立法机关在立法时，制定了相应的保护条款。根据我国《劳动合同法》第三十七条的规定："劳动者提前三十日以书面形式通知用人单位，可以解除劳动合同"，该法第三十八条还规定："用人单位有下列情形之一的，劳动者可以解除劳动合同：……（二）未及时足额支付劳动报酬的……"，由此，赵某可以单方面宣布解除与用人单位的劳动关系，但是其应提前30日以书面形式通知用人单位。

最后，双方当事人达成口头调解协议：赵某和某家具公司协议解除劳动合同关系；某家具公司支付赵某全部足额工资共计人民币5000元。后经人民调解委员会回访得知调解协议履行良好。

XXXXXX 人民调解委员会

调解卷宗

卷　　　名：　赵某与某家具公司之间的劳动纠纷

卷　　　号：　2011004

人民调解员：　胡某　　　调解日期：　2011 年 X 月 XX 日

立　卷　人：　胡某　　　立卷日期：　2011 年 X 月 XX 日

保 管 期 限：　5 年[7]

备　　　注：　

---

7. 此案涉及的是劳动纠纷，调解成功并履行良好，因此保管期限可以短一些，定 5 年。

卷 内 目 录

序号	文书名称	页号	备　注
1	人民调解受理登记表	1	
2	人民调解调查记录	2	
3	人民调解证据材料	3	
4	人民调解记录	6	
5	人民调解口头协议登记表	8	
6	人民调解回访记录	9	
7	卷宗情况说明	10	
8	封底	11	

人民调解受理登记表

　　2010 年 X 月 XX 日，人民调解委员会经当事人同意，主动调解赵某、某家具公司之间的纠纷。

　　纠纷类型：劳动纠纷

　　案件来源：①当事人申请②√人民调解委员会主动调解

　　纠纷简要情况：2011 年 1 月 3 日，赵某与某家具公司签订的劳动合同中约定，赵某的月薪为 2000 元。一个月后，赵某足额领到第一个月的工资。但是，自第二个月开始，赵某领到的工资数额逐月减少。赵某向公司询问，经理杨某声称赵某的工作业绩不好，因此适当地减薪。赵某不服，向公司抗议无果后，遂宣布解除与家具公司的劳动合同关系。公司以单方面不能解约为由，拒绝赵某辞职。

　　当事人（签名）：赵某　杨某

　　登记人（签名）：胡某

XXXXXX 人民调解委员会

2010 年 X 月 XX 日

人民调解调查记录

时　　间 2011 年 X 月 XX 日

地　　点 XX 县 XX 区 XX 居委会

参加人 孙某

被调查人 杨某，男，44 岁，某家具公司法定代表人，现住 XX 市 XX 区 XX 路 XX 号。

记录：我们是 XX 人民调解委员会的调解员胡某和周某，来调解赵某与你们家具公司有关的劳动纠纷，现依法对你展开调查。根据《中华人民共和国人民调解法》第二十三、二十四条之规定，你享有下列权利：（1）选择或者接受人民调解员；（2）接受调解、拒绝调解或者要求终止调解；（3）要求调解公开进行或者不公开进行；（4）自主表达意愿、自愿达成调解协议。同时，你要履行下列义务：（1）如实陈述纠纷事实；（2）遵守调解现场秩序，尊重人民调解员；（3）尊重对方当事人行使权利。请问你听清楚没有？有问题没有？

被调查人杨某：听清楚了，没有问题。

调查人：赵某是你家具公司的职员是吗？

被调查人杨某：是的，赵某入职有 4 个月了。

调查人：你公司和赵某之间签订书面劳动合同了吗？

被调查人杨某：签了。

调查人：劳动合同中对赵某的薪酬是怎么约定的？

被调查人杨某：合同约定赵某的月薪为 2000 元。

调查人：这个合同中有关于职员业绩与薪酬关系的约定吗？

被调查人杨某：这个没有约定。

调查人：好了，情况我们了解了，这是笔录，请阅读确认无误后签字。

被调查人杨某：好的。

调查人（签名）：胡某　周某

被调查人（签名）：杨某

记录人（签名）：周某

人民调解证据材料

当事人赵某提供的劳动合同复印件一份（共 3 页）。

（此处占 3 页）

人民调解记录

时　　间 2011 年 X 月 XX 日

地　　点 XX 市 XX 区 XX 调解委员会

当事人 赵某，男，36 岁，现住 XX 市 XX 区 XX 楼 XX 单元 XX 室，联系方式：139XXXXXXXX。

杨某，男，44 岁，某家具公司法定代表人，地址：XX 市 XX 区 XX 路 XX 号，联系方式：137XXXXXXXX。

参加人 张某，XX 市 XX 区 XX 居委会主任。

人民调解委员会已将人民调解的相关规定告知各方当事人。

调解记录：对于赵某与某家具公司的劳动纠纷，当事人赵某认为：其工作业绩的好坏与约定好的薪金是没有关系的，家具公司的行为属于无故克扣工资的行为，该行为严重地侵害了他的合法权益，其可以单方面宣布解除与用人单位的劳动关系。而家具公司则认为：赵某不能以此理由单方面解约，从而拒绝赵某辞职。

在对此纠纷的调解过程中，调解员胡某在尊重法律的基础上对双方当事人作出了耐心的讲解：赵某每月的薪金逐渐减少，这和最初与用人单位的约定是不同的，赵某可以单方面宣布解约。作为劳动者，在就业关系中本来就属于弱势群体，其合法权益很容易受到侵害。对此，立法机关在立法时，制定了相应的保护条款。根据我国《劳动合同法》第三十七条的规定："劳动者提前三十日以书面形式通知用人单位，可以解除劳动合同"，该法第三十八条还规定："用人单位有下列情形之一的，劳动者可以解除劳动合同：……（二）未及时足额支付劳动报酬的……"，由此，赵某可以单方面宣布解除与用人单位的劳动关系，但是其应提前30日以书面形式通知用人单位。

调解结果：

√1、调解成功；2、调解不成；3、有待继续调解

当事人（签名盖章或按指印）赵某（按指印）

当事人（签名盖章或按指印）某家具公司（盖章）杨某（按手印）

人民调解员（签名）　胡某

记　录　人（签名）　周某

2011 年 X 月 XX 日

人民调解口头协议登记表

编号 X 民调字（2011）04 号

当事人姓名　赵某　　性别　男　民族　汉族　年龄　36 岁
职业或职务　某家公司销售员　　联系方式　139XXXXXXXX
单位或住址　现住 XX 市 XX 区 XX 楼 XX 单元 XX 室

当事人姓名 某家具公司法人代表杨某 性别 男 民族 汉族 年龄44岁
职业或职务　经理　　联系方式　137XXXXXXXX
单位或住址　XX 市 XX 区 XX 路 XX 号

纠纷主要事实、争议事项：赵某与某家具公司签订了劳动合同。合同约定，赵某的月薪为 2000 元。一个月后，赵某足额领到第一个月的工资。但是，自第二个月开始，赵某领到的工资数额逐月减少。赵某向公司询问，经理杨某声称赵某的工作业绩不好，因此适当地减薪。赵某不服，向公司抗议无果后，遂宣布解除与家具公司的劳动合同关系。公司以单方面不能解约为由，拒绝赵某辞职。

经调解，双方自愿达成如下协议：
一、赵某和某家具公司协议解除劳动合同关系；
二、某家具公司支付赵某全部足额工资共计人民币 5000 元。

履行方式、时限：
某家具公司应于 2011 年 4 月 15 日交付人民币 5000 元（现金）给赵某。

人民调解员（签名）：胡某

（人民调解委员会印章）
2011 年 X 月 XX 日

备注：此表由人民调解委员会填写

人民调解回访记录

当事人 赵某，男，36 岁，现住 XX 市 XX 区 XX 楼 XX 单元 XX 室。

调解协议编号：X 民调字（2011）04 号

回访事由 赵某与某家具公司解除劳动合同的纠纷

回访时间 2011 年 X 月 XX 日

回访情况：赵某已经与某家具公司解除劳动合同关系，同时某家具公司已将人民币 5000 元交付于赵某，无矛盾激化现象发生。当事人对人民调解委员会的工作也比较满意。

回访人（签名）胡某

XXXXXX 人民调解委员会
2011 年 X 月 XX 日

卷宗情况说明

　　本卷宗人民调解受理登记表 1 份，人民调解调查记录 1 份，人民调解证据材料 1 份，人民调解记录 1 份，人民调解口头协议登记表 1 份，人民调解回访记录 1 份。

　　由于本案是人民调解委员会主动调解，所以卷宗中只有人民调解受理登记表，而没有人民调解申请书；本案达成的是口头调解协议，因此卷宗内是人民调解口头协议登记表而不存在"人民调解协议书"；由于本案当事人没有申请对调解协议进行司法确认，因此卷宗内没有司法确认有关材料。

　　本案当事人 2 人，调解经济金额 5000 元。

立卷人：胡某

封底

立卷人：胡某
审核人：孙某
立卷日期：2011 年 X 月 XX 日

（三）交通事故纠纷调解案例归档示范

案例：因违章停车引发的道路交通事故纠纷

一日，周某开车出去，把车停在非机动车道上。骑车的白某为避开周某的车，不得已把自行车骑入机动车道，恰好此时吴某驾驶摩托车从后面快速骑来，来不及刹车撞上白某，导致白某受伤。白某认为自己除了应向吴某索赔外，还可以向违章停车的周某索赔，于是去找周某索赔，但周某认为自己没有责任，不予赔偿。于是，二人发生纠纷。后此纠纷被人民调解委员会主动受理。

在对此案的调解过程中，调解员赵某重点向周某讲解了《道路安全法》关于违法停车的规定：我国《道路交通安全法》第五十六条规定："机动车应当在规定地点停放。禁止在人行道上停放机动车；但是，依照本法第三十三条规定施划的停车泊位除外。在道路上临时停车的，不得妨碍其他车辆和行人通行。"由此，机动车应当在规定地点停放，在道路上临时停车的，不得妨碍其他车辆和行人通行。周某违章停车占用了非机动道，给骑车人带来了安全隐患。但是，并不是说违法停车就一定会导致事故，法律规定车辆、行人应当在确保安全的原则下通行。因此，对于此次事故，摩托车驾驶人吴某也负有不可推卸的责任。也就是说，违章停车的周某与骑摩托车的吴某都是责任主体，二人都应负有向伤者白某赔偿的责任。

周某认为，就算自己属于违章停车，也不会必然导致白某受伤的结果；况且违章停车被贴条也不过是罚 200 元钱，现在却要他承担医疗费，他没有这个责任，赔偿是白某与肇事者周某之间的事，与他无关，因此坚决不肯赔偿白某。最后此调解未获成功。

XXXXXX **人民调解委员会**

调解卷宗

卷　　　　名：<u>白某与周某之间的道路交通事故赔偿纠纷</u>

卷　　　　号：<u>2011010</u>

人民调解员：<u>赵某</u>　　调解日期：<u>2011 年 X 月 XX 日</u>

立　卷　人：<u>赵某</u>　　立卷日期：<u>2011 年 X 月 XX 日</u>

保　管　期　限：<u>5 年[8]</u>

备　　　　注：<u>　　　　</u>

---

8. 此案涉及的是交通事故纠纷，调解后未获成功，因此保管期限可以短一些，定 5 年。

卷　内　目　录

序号	文书名称	页号	备　注
1	人民调解受理登记表	1	
2	人民调解调查记录	2	
3	人民调解证据材料	4	
4	人民调解记录	6	
5	卷宗情况说明	7	
6	封底	8	

人民调解受理登记表

　　2011 年 X 月 XX 日，人民调解委员会依主动调解，经当事人同意，调解白某、周某之间的纠纷。

纠纷类型：道路交通事故赔偿纠纷

案件来源：①当事人申请②√人民调解委员会主动调解

纠纷简要情况：周某把车停在非机动车道上，骑车的白某为避开周某的车，不得已把自行车骑入机动车道，恰好此时吴某驾驶摩托车从后面快速骑来，来不及刹车撞上白某，导致白某受伤。白某事后向违章停车的周某索赔，但周某认为自己没有责任，不予赔偿。

当事人（签名）：白某　周某

登记人（签名）：赵某

XXXXXX 人民调解委员会

2011 年 X 月 XX 日

备注：此表由人民调解委员会填写

人民调解调查记录

时　间 2011 年 X 月 XX 日

地　点 XX 市 XX 区 XX 街道居委会

参加人 方某

被调查人 周某，男，34 岁，现住 XX 市 XX 区 XX 路 XX 号。

记录：我们是 XX 人民调解委员会的调解员赵某和刘某，来调解白某和你之间有关的交通事故侵权赔偿纠纷，现依法对你展开调查。根据《中华人民共和国人民调解法》第二十三、二十四条之规定，你享有下列权利：（1）选择或者接受人民调解员；（2）接受调解、拒绝调解或者要求终止调解；（3）要求调解公开进行或者不公开进行；（4）自主表达意愿、自愿达成调解协议。同时，你要履行下列义务：（1）如实陈述纠纷事实；（2）遵守调解现场秩序，尊重人民调解员；（3）尊重对方当事人行使权利。请问你听清楚没有？有问题没有？

被调查人周某：听清楚了，没有问题。

调查人：发生事故的当天，你是将车停在非机动车道上了吗？

被调查人周某：是的。

调查人：你知道那地方不能停车吗？

被调查人周某：知道，但附近根本找不到停车的地方，况且我就是到便利店买瓶水，一会儿就出来，时间非常短。所以，就临时把车停在了非机动车道上。

调查人：白某被吴某的摩托车撞伤后，白某曾找你来赔偿，是吗？

被调查人周某：是的，但我没赔。

调查人：为什么？

被调查人周某：我觉得撞人的是吴某，就由吴某赔偿就可以了，没有必要再让我赔，我又没有撞人。

调查人：那白某是因为你违章停车，道路不通，进入机动车道才被撞的。你想过这一点没有？

被调查人周某：也想过，但白某不能找吴某赔偿后，又来找我赔偿啊，他还想要双份赔偿啊？

调查人：好了，情况我们了解了，这是笔录，请阅读确认无误后签字。

被调查人周某：好的。

调查人（签名）：赵某　刘某

被调查人（签名）：周某

记录人（签名）：刘某

人民调解证据材料

周某提供了其医药费单据作为证据。

（此处附该单据复印件 1 份，占 1 页）

人民调解记录

时　　间　2011 年 X 月 XX 日

地　　点　XX 市 XX 区 XX 调解委员会

当事人　白某，男，30 岁，单位地址：XX 市 XX 区 XX 路 XX 号，联系方式：137XXXXXXXX。

　　　　　周某，男，34 岁，现住 XX 市 XX 区 XX 路 XX 号，联系方式：137XXXXXXXX。

参加人　方某，XX 市 XX 区 XX 街道办主任。

人民调解委员会已将人民调解的相关规定告知各方当事人。

调解记录：对于白某请求周某赔偿交通事故医疗费一纠纷，调解员赵某在尊重法律的基础上对双方当事人作出了耐心的讲解：我国《道路交通安全法》第五十六条规定："机动车应当在规定地点停放。禁止在人行道上停放机动车；但是，依照本法第三十三条规定施划的停车泊位除外。在道路上临时停车的，不得妨碍其他车辆和行人通行。"由此，机动车应当在规定地点停放，在道路上临时停车的，不得妨碍其他车辆和行人通行。周某违章停车占用了非机动道，给骑车人带来了安全隐患。但是，并不是说违法停车就一定会导致事故，法律规定车辆、行人应当在确保安全的原则下通行。因此，对于此次事故，摩托车驾驶人吴某也负有不可推卸的责任。也就是说，违章停车的周某与骑摩托车的吴某都是责任主体，二人都应负有向伤者白某赔偿的责任。

调解结果：

1、调解成功；√2、调解不成；3、有待继续调解

当事人（签名盖章或按指印）：白某（按指印）

当事人（签名盖章或按指印）：周某（按指印）

人民调解员（签名）：赵某

记　录　人（签名）：刘某

2011 年 X 月 XX 日

卷宗情况说明

　　本卷宗人民调解受理登记表 1 份，人民调解调查记录 1 份，人民调解证据材料 1 份，人民调解记录 1 份。

　　因本案是人民调解委员会主动调解，因此卷宗内只有人民调解受理登记表，而没有人民调解申请书；因本案调解未获成功，因此卷宗中没有人民调解协议书或者人民调解口头协议登记表、人民调解回访记录以及司法确认有关材料。

　　本案当事人 2 人。

立卷人：赵某

封底

立卷人：赵某

审核人：刘某

立卷日期：2011 年 X 月 XX 日

（四）山林土地纠纷调解案例立卷归档示范

案例：因承包合同引发的山林土地纠纷

刘某承包村里的一块坡地30年用于种柑橘，在承包了8年之后，村长赵某代表村委会找到他，告诉他要调整他的承包地，因为他的承包地太多了，村民有意见。刘某认为自己就此地的承包期限是30年，仅仅经过了8年了，还远远没过承包期，因此，其不同意调整。后进一步协商不成，发生纠纷。后村长代表村委会向乡人民调解委员会作出了调解申请。

在对此案的调解过程中，调解员郑某在尊重法律的基础上对双方当事人作出了耐心的讲解：我国《物权法》第一百三十条规定："承包期内发包人不得调整承包地。因自然灾害严重毁损承包地等特殊情形，需要适当调整承包的耕地和草地的，应当依照农村土地承包法等法律规定办理。"据此，刘某的承包期是30年，村长赵某要调整他的承包地时他才承包了8年，还没有过承包期。可见，村长在承包期内要求调整刘某承包地的做法是不符合法律规定的。村委会办事应当依法办理，建设和谐农村也应当是法治下的和谐。

最后，双方当事人达成书面调解协议：刘某对坡地的承包期限为30年，在此30年内，村委会不会干涉其自主经营，无法律规定事件发生的情况下，不会对其土地面积做出调整。后经人民调解委员会回访得知调解协议履行良好。

XXXXXX 人民调解委员会

调解卷宗

卷　　　名：某村委会与刘某之间的土地纠纷
卷　　　号：2011022
人民调解员：郑某　　调解日期：2011 年 X 月 XX 日
立　卷　人：郑某　　立卷日期：2011 年 X 月 XX 日
保 管 期 限：20 年[9]
备　　　注：＿＿＿＿＿＿

---

9. 此土地纠纷涉及的土地承包合同为 30 年，刚刚履行 8 年的时候纠纷发生，因此卷宗的保管期限应该设定得长一些，如 20 年。

卷内目录

序号	文件名称	页号	备注
1	人民调解申请书	1	
2	人民调解受理登记表	2	
3	人民调解调查记录	3	
4	人民调解证据材料	5	
5	人民调解记录	8	
6	人民调解协议书	9	
7	人民调解回访记录	10	
8	卷宗情况说明	11	
9	封底	12	

人民调解申请书

申请人姓名 <u>某村委会代表人赵某</u> 性别 <u>男</u> 民族 <u>汉族</u> 年龄 <u>40 岁</u>
职业或职务 <u>某村委会村长</u>   联系方式 <u>137XXXXXXXX</u>
单位或住址 <u>XX 县 XX 乡 XX 村 XX 号</u>

被申请人姓名 <u>刘某</u> 性别 <u>男</u> 民族 <u>汉族</u> 年龄 <u>34 岁</u>
职业或职务 <u>农民</u>   联系方式 <u>137XXXXXXXX</u>
单位或住址 <u>现住 XX 县 XX 乡 XX 村 XX 号</u>

纠纷简要情况：8 年前，被申请人刘某承包了本村的一块坡地用于种柑橘，承包期为 30 年。今年，好多村民纷纷找到村委会，要求对刘某承包的土地做出调整，原因是他承包的地太多了，导致其他村民都无地可包。我作为村委会的代表去找刘某商议调整土地的事宜，被刘某拒绝。后进一步协商不成，发生纠纷。

当事人申请事项：对被申请人刘某承包的土地做出适当调整。

人民调解委员会已将申请人民调解的相关规定告知我，现自愿申请人民调解委员会进行调解。

申请人：某村委会（盖章）

赵某（按指印）

2011 年 X 月 XX 日

人民调解受理登记表

　　2011 年 X 月 XX 日，人民调解委员会依当事人申请，经当事人同意，调解某村委会（代表人赵某）、刘某之间的纠纷。

　　纠纷类型：山林土地纠纷

　　案件来源：√①当事人申请②人民调解委员会主动调解

　　纠纷简要情况：刘某承包某村的一块坡地 30 年用于种柑橘。在刘某承包坡地 8 年后的一日，村长赵某代表村委会找到他，告诉他要调整他的承包地，原因是他承包的地太多了，导致其他村民都无地可包，村民有意见。刘某认为自己就此地的承包期限是 30 年，仅仅经过了 8 年了，还远远没过承包期，因此，其不同意调整。后进一步协商不成，发生纠纷。

　　当事人（签名）：赵某　刘某

　　登记人（签名）：郑某

XXXX 人民调解委员会

2011 年 X 月 XX 日

　　备注：此表由人民调解委员会填写

人民调解调查记录

时　间 2011 年 X 月 XX 日

地　点 XX 县 XX 乡 XX 村 XX 号

参加人 沈某

被调查人 刘某，男，34 岁，现住 XX 县 XX 乡 XX 村 XX 号。

记录：我们是 XX 人民调解委员会的调解员郑某和刘某，受某村委会的申请，来调解某村委会与你有关的土地纠纷，现依法对你展开调查。根据《中华人民共和国人民调解法》第二十三、二十四条之规定，你享有下列权利：（1）选择或者接受人民调解员；（2）接受调解、拒绝调解或者要求终止调解；（3）要求调解公开进行或者不公开进行；（4）自主表达意愿、自愿达成调解协议。同时，你要履行下列义务：（1）如实陈述纠纷事实；（2）遵守调解现场秩序，尊重人民调解员；（3）尊重对方当事人行使权利。请问你听清楚没有？有问题没有？

被调查人刘某：听清楚了，没有问题。

调查人：你是什么时候承包的那片坡地？

被调查人刘某：XXXX 年 XX 月 XX 日。

调查人：有合同吗？

被调查人刘某：有。

调查人：承包期限是多久？

被调查人刘某：30 年。

调查人：在合同中有写明吗？

被调查人刘某：有的。

调查人：到现在为止，承包了几年了？

被调查人刘某：8 年。

调查人：村委会找你谈调整土地面积的事情了？

被调查人刘某：是的，但是我没同意，我都种上树了，并且刚承包 8 年了，远远没有过承包期，我是不会答应调整的。

　　调查人：好了，情况我们了解了，这是笔录，请阅读确认无误后签字。

　　被调查人刘某：好的。

　　调查人（签名）：郑某　刘某

　　被调查人（签名）：刘某

　　记录人（签名）：郑某

人民调解证据材料

土地承包合同复印件一份（共 3 页）。

（此处附上土地承包合同复印件，占 3 页）

人民调解记录

时　　间　2011 年 X 月 XX 日

地　　点　XX 市 XX 县 XX 乡调解委员会

当事人　赵某，男，汉族，40 岁，某村委会村长，联系方式：137XXXXXXXX，地址：XX 县 XX 乡 XX 村 XX 号。

　　　　刘某，男，汉族，34 岁，农民，联系方式：137XXXXXXXX，现住 XX 县 XX 乡 XX 村 XX 号。

参加人　朱某，XX 县 XX 乡政府工作人员。

人民调解委员会已将人民调解的相关规定告知各方当事人。

调解记录：对于某村委会要求调整刘某承包土地一纠纷，申请人的代表人赵某认为：刘某承包的地太多了，导致其他村民都无地可包，为了和谐农村的建设，应该适当对刘某所承包的土地面积做出调整。而刘某则认为：自己的承包合同是 30 年，现在刚刚历时 8 年，远远没到承包期限。况且自己种的是果树，资金投入后回收周期比较长，一旦调整了土地面积，会导致其大部分果树毁损。因此，不同意对其承包的土地进行调整。

在对此纠纷的调解过程中，调解员郑某在尊重法律的基础上对双方当事人作出了耐心的讲解：我国《物权法》第一百三十条规定："承包期内发包人不得调整承包地。因自然灾害严重毁损承包地等特殊情形，需要适当调整承包的耕地和草地的，应当依照农村土地承包法等法律规定办理。"据此，刘某的承包期是 30 年，村长赵某要调整他的承包地时他才承包了 8 年，还没有过承包期。可见，村长在承包期内要求调整刘某承包地的做法是不符合法律规定的。村委会办事应当依法办事，建设和谐农村也应当是法治下的和谐。

调解结果：

√1、调解成功；2、调解不成；3、有待继续调解

当事人（签名盖章或按指印）：某村委会（盖章）赵某（按指印）

当事人（签名盖章或按指印）：刘某（按指印）

人 民 调 解 员 （签名）：郑某

记　　　录　　　人 （签名）：刘某

2011 年 X 月 XX 日

人民调解协议书

编号 X 民调字 （2011） 22 号

当事人姓名 <u>某村委会代表人赵某</u> 性别 <u>男</u> 民族 <u>汉族</u> 年龄 <u>40 岁</u>
职业或职务 <u>某村委会村长</u> 联系方式 <u>137XXXXXXXX</u>
单位或住址 <u>XX 县 XX 乡 XX 村 XX 号</u>

当事人姓名 <u>刘某</u> 性别 <u>男</u> 民族 <u>汉族</u> 年龄 <u>34 岁</u>
职业或职务 <u>农民</u> 联系方式 <u>137XXXXXXXX</u>
单位或住址 <u>现住 XX 县 XX 乡 XX 村 XX 号</u>

纠纷主要事实、争议事项：刘某承包某村的一块坡地 30 年用于种柑橘。在刘某承包坡地 8 年后的一日，村长赵某代表村委会找到他，告诉他要调整他的承包地，原因是他承包的地太多了，导致其他村民都无地可包，村民有意见。刘某认为自己就此地的承包期限是 30 年，仅仅经过了 8 年了，还远远没过承包期，其不同意调整。而村长赵某则认为为了村里的和谐建设，应该对刘某承包的土地做出调整。因此，发生纠纷。

经调解，自愿达成如下协议：刘某对坡地的承包期限为 30 年，在此 30 年内，村委会不会干涉其自主经营，无法律规定事件发生的情况下，不会对其土地面积做出调整。

履行方式、时限：在刘某承包土地的期限内，无法定条件发生的情况下，村委会不会干涉刘某对其土地的自主经营。

本协议一式<u>三</u>份，当事人、人民调解委员会各持一份。

当事人（签名盖章或按指印）：<u>某村委会(盖章)赵某(按指印)</u>

当事人（签名盖章或按指印）：<u>刘某 （按指印）</u>

人 民 调 解 员（签名）：<u>郑某</u>

记 录 人（签名）：<u>刘某</u>

（人民调解委员会印章）

<u>2011</u> 年<u>X</u> 月<u>XX</u> 日

人民调解回访记录

当事人 刘某，男，汉族，34 岁，现住 XX 县 XX 乡 XX 村 XX 号，联系方式：137XXXXXXXX。

调解协议编号 X 民调字（2011）22 号

回访事由 某村委会要求调整刘某承包土地的纠纷

回访时间 2011 年 X 月 XX 日

回访情况：调解协议履行的很好，无矛盾激化现象发生。某村村长赵某没有再找刘某谈调整土地事宜。当事人对人民调解委员会的工作也比较满意，希望人民调解员充分发挥人民调解的优势，为人民服务。

回访人（签名）：郑某

XXXXXX 人民调解委员会

2011 年 X 月 XX 日

卷宗情况说明

　　本卷宗当事人申请书 1 份，人民调解受理登记表 1 份，人民调解调查记录 1 份，人民调解证据材料 1 份，人民调解记录 1 份，人民调解协议书 1 份，人民调解回访记录 1 份。

　　因本案当事人没有申请司法确认，因此卷宗内没有司法确认有关材料。

　　本案当事人 2 人。

立卷人：郑某

封底

立卷人：郑某
审核人：钱某
立卷日期：2011 年 X 月 XX 日

（五）医疗纠纷调解案例立卷归档示范

案例：因复印病历引发的医疗纠纷

黄女士因病到某防治中心住院治疗，经过一段时间的治疗因病情都没有得以控制，黄某要求转院。出院后，为了解治疗的情况和继续治疗的需要，黄某的丈夫到该中心要求复印病历资料，被该中心的医生拒绝。由此，产生纠纷。后黄某就此纠纷向当地的人民调解委员会做出了调解申请。

在对此案的调解过程中，调解员顾某在尊重法律的基础上对双方当事人作出了耐心的讲解：我国《医疗事故处理条例》第十条规定："患者有权复印或者复制其门诊病历、住院志、体温单、医嘱单、化验单（检验报告）、医学影像检查资料、特殊检查同意书、手术同意书、手术及麻醉记录单、病理资料、护理记录以及国务院卫生行政部门规定的其他病历资料。患者依照前款规定要求复印或者复制病历资料的，医疗机构应当提供复印或者复制服务并在复印或者复制的病历资料上加盖证明印记。复印或者复制病历资料时，应当有患者在场。"由此可见，黄某完全有权利要求某防治中心提供其病例资料的复印件。某防治中心不能以其为档案资料为由予以拒绝，否则，会承担相应的民事责任。因为，我国《侵权责任法》第五十八条第二项的规定：隐匿或者拒绝提供与纠纷有关的病历资料，造成患者损害的，推定医疗机构有过错。为了防止不必要的损害结果的发生，某防治中心应当提供黄某的病例资料复印件。

经调解后，双方达成了书面的调解协议：某防治中心提供给黄某其病例资料复印件一份。后经人民调解委员会回访得知调解协议履行良好。

XXXXXX 人民调解委员会

调解卷宗

　　卷　　　名：　黄某与某防治中心之间医疗纠纷
　　卷　　　号：　2011011
　　人民调解员：　顾某　　　　调解日期：　2011 年 XX 月 XX 日
　　立　卷　人：　顾某　　　　立卷日期：　2011 年 XX 月 XX 日
　　保 管 期 限：　5 年[10]
　　备　　　注：＿＿＿＿＿

---

10. 此案涉及的是医疗纠纷，情况比较简单，且调解成功并履行良好，因此保管期限
　　可以短一些，定 5 年。

卷　内　目　录

序号	文书名称	页号	备　注
1	人民调解申请书	1	
2	人民调解受理登记表	2	
3	人民调解调查记录	3	
4	人民调解证据材料	5	
5	人民调解记录	7	
6	人民调解协议书	9	
7	人民调解回访记录	10	
8	卷宗情况说明	11	
9	封底	12	

人民调解申请书

申请人姓名　黄某　性别　女　民族　汉族　年龄　30 岁

职业或职务　教师　联系方式　137XXXXXXXX

单位地址　XX 市 XX 区 XX 路 XX 号

代理人姓名（黄某之夫）朱某　性别 男　民族 汉族　年龄 30 岁

职业或职务　教师　联系方式　137XXXXXXXX

单位或住址　XX 市 XX 区 XX 路 XX 号

被申请人姓名　某防治中心法定代表人方某　性别　男

民族　汉族　年龄　34 岁

职业或职务　主任　联系方式　137XXXXXXXX

单位或住址　XX 市 XX 区 XX 路 XX 号

纠纷简要情况：申请人黄某因病到被申请人某防治中心住院治疗，经过一段时间的治疗，申请人的病情没有得以控制，便转院。出院后，为了解治疗的情况和继续治疗的需要，我作为申请人的代理人到被申请人处要求复印病历资料，被无理拒绝，由此发生纠纷。

当事人申请事项：由被申请人向黄某提供其病例资料的复印件一份。

人民调解委员会已将申请人民调解的相关规定告知我，现自愿申请人民调解委员会进行调解。

申请人（按指印）：黄某

代理人：朱某

2011 年 XX 月 XX 日

人民调解受理登记表

　　<u>2011</u> 年<u>XX</u>月<u>XX</u> 日，人民调解委员会依当事人申请，经当事人同意，调解<u>黄某、某防治中心</u>之间的纠纷。

　　纠纷类型：<u>医疗纠纷</u>

　　案件来源：<u>√①当事人申请②人民调解委员会主动调解</u>

　　纠纷简要情况：<u>XXXX 年 XX 月，黄某因病到某防治中心住院治疗，经过一段时间的治疗，病情没有得以控制，便转院。出院后，为了解治疗的情况和继续治疗的需要，黄某的丈夫到某防治中心处要求复印病历资料，被拒绝。由此，发生纠纷。</u>

　　当事人（签名）：<u>黄某　方某</u>

　　登记人（签名）：<u>顾某</u>

<u>XXXXXX</u> 人民调解委员会

<u>2011</u> 年<u>XX</u>月<u>XX</u> 日

　　备注：此表由人民调解委员会填写

人民调解调查记录

时　　间 2011 年 XX 月 XX 日

地　　点 XX 市 XX 区 XX 街道居委会

参加人 赵某

被调查人 方某，男，34 岁，某防治中心主任，单位地址：XX 市 XX 区 XX 路 XX 号。

记录：我们是 XX 人民调解委员会的调解员顾某和刘某，依黄某的申请，来调解黄某与你们防治中心有关的医疗纠纷，现依法对你展开调查。根据《中华人民共和国人民调解法》第二十三、二十四条之规定，你享有下列权利：（1）选择或者接受人民调解员；（2）接受调解、拒绝调解或者要求终止调解；（3）要求调解公开进行或者不公开进行；（4）自主表达意愿、自愿达成调解协议。同时，你要履行下列义务：（1）如实陈述纠纷事实；（2）遵守调解现场秩序，尊重人民调解员；（3）尊重对方当事人行使权利。请问你听清楚没有？有问题没有？

被调查人方某：听清楚了，没有问题。

调查人：黄某是在你们防治中心治过病吗？

被调查人方某：是的。

调查人：是什么时候出院的？

被调查人方某：上个月 10 号。

调查人：什么原因出的院？

被调查人方某：病情没有得到控制，就转到大医院去了。

调查人：后来黄某的丈夫找你们要求复印病例材料，是吗？

被调查人方某：是的。

调查人：你们提供材料复印件了没有？

被调查人方某：没有。

调查人：为什么？

被调查人方某：因为那些属于我们中心的档案资料管理，不能随便外借。

调查人：好了，情况我们了解了，这是笔录，请阅读确认无误后签字。

被调查人方某：好的。

调查人（签名）：顾某　刘某

被调查人（签名）：方某

记录人（签名）：刘某

人民调解证据材料

申请人黄某提供的某防治中心出具的住院费用单据（共两页）。

（此处附该单据复印件一份，占 2 页）

人民调解记录

时　　间 2011 年 XX 月 XX 日

地　　点 XX 市 XX 区 XX 调解委员会

当事人 黄某，女，汉族，30 岁，联系方式：137XXXXXXXX，
单位地址：XX 市 XX 区 XX 路 XX 号。

朱某，男，汉族，30 岁，黄某代理人（黄某之夫），联
系方式：137XXXXXXXX，单位地址：XX 市 XX 区 XX
路 XX 号。

方某，男，汉族，34 岁，某防治中心主任，联系方式：
137XXXXXXXX，地址：XX 市 XX 区 XX 路 XX 号。

参加人 张某，XX 市 XX 区 XX 街道办主任。

人民调解委员会已将人民调解的相关规定告知各方当事人。

调解记录：对于黄某请求某防治中心提供其病例资料复印件一纠纷，申请人黄某认为：自己在某防治中心治疗过，所形成的病例资料，自己有权复制，即有知情权。而被申请人则认为：病人的病例资料属于其中心的档案资料管理，不能随便外借。

在对此纠纷的调解过程中，调解员顾某在尊重法律的基础上对双方当事人作出了耐心的讲解：我国《医疗事故处理条例》第十条规定："患者有权复印或者复制其门诊病历、住院志、体温单、医嘱单、化验单（检验报告）、医学影像检查资料、特殊检查同意书、手术同意书、手术及麻醉记录单、病理资料、护理记录以及国务院卫生行政部门规定的其他病历资料。患者依照前款规定要求复印或者复制病历资料的，医疗机构应当提供复印或者复制服务并在复印或者复制的病历资料上加盖证明印记。复印或者复制病历资料时，应当有患者在场。"由此可见，黄某完全有权利要求复制其病历。需要注意的是，在复印病历时黄某应当在场，复制的病历资料上防治中心应加盖证明章，使病历资料成为合法的证明材料。某防治中心不能以其为档案资料为由予以拒绝，否则，会承担相应的民事责任。因为，我国《侵权责任法》第五十八条第二项的规定：隐匿或者拒

绝提供与纠纷有关的病历资料，造成患者损害的，推定医疗机构有过错。为了防止不必要的损害结果的发生，某防治中心应当提供黄某的病例资料复印件。

调解结果：

√1、调解成功；2、调解不成；3、有待继续调解

当事人（签名盖章或按指印）：黄某（按指印）

当事人（签名盖章或按指印）：某防治中心（盖章）方某（按指印）

人民调解员（签名）顾某

记　录　人（签名）刘某

2011 年 XX 月 XX 日

人民调解协议书

编号 X 民调字（2011）11 号

当事人姓名　<u>黄某</u>　性别　<u>女</u>　民族　<u>汉族</u>　年龄　<u>30 岁</u>

职业或职务　<u>教师</u>　　联系方式　<u>137XXXXXXXX</u>

单位或住址　<u>XX 市 XX 区 XX 路 XX 号</u>

　　代理人姓名　<u>朱某</u>　性别　<u>男</u>　民族　<u>汉族</u>　年龄 <u>30 岁</u>

职业或职务　<u>教师</u>　　联系方式　<u>137XXXXXXXX</u>

单位地址　<u>XX 市 XX 区 XX 路 XX 号</u>

　　当事人姓名　<u>某防治中心法定代表人方某</u>　　姓别　<u>男</u>

民族　<u>汉族</u>　　年龄　<u>34 岁</u>

职业或职务　<u>某防治中心主任</u>　　联系方式　<u>137XXXXXXXX</u>

单位或住址　<u>XX 市 XX 区 XX 路 XX 号</u>

　　纠纷主要事实、争议事项：2011 年 4 月，黄某因病到某防治中心住院治疗，经过一段时间的治疗，病情没有得以控制，便转院。出院后，为了解治疗的情况和继续治疗的需要，黄某的丈夫到某防治中心处要求复印病历资料，被拒绝。由此，发生纠纷。

　　经调解，自愿达成如下协议：某防治中心允许黄某复印其病例资料一份，并加盖防治中心公章。

　　履行方式、时限：2011 年 XX 月 XX 日前

　　本协议一式三份，当事人、人民调解委员会各持一份。

当事人（签名盖章或按指印）黄某　　人民调解员（签名）顾某

当事人（签名盖章或按指印）某防治中心，方某　记录人（签名）刘某

（人民调解委员会印章）
2011 年 XX 月 XX 日

人民调解回访记录

当事人 黄某，女，30 岁，单位地址：XX 市 XX 区 XX 路 XX 号，联系方式：137XXXXXXXX。

调解协议编号 X 民调字（2011）11 号

回访事由 黄某请求某防治中心提供其病例资料复印件纠纷

回访时间 2011 年 XX 月 XX 日

回访情况：调解协议履行的很好，无矛盾激化现象发生。黄某已经按程序将病例进行了复印。当事人对人民调解委员会的工作也比较满意，希望人民调解员再接再厉，取得更好的成绩，充分发挥人民调解的优势，为人民服务。

回访人（签名）顾某

XXXX   人民调解委员会

2011   年 XX 月 XX 日

卷宗情况说明

　　本卷宗当事人申请书 1 份，人民调解受理登记表 1 份，人民调解调查记录 1 份，人民调解证据材料 1 份，人民调解记录 1 份，人民调解协议书 1 份，人民调解回访记录 1 份。

　　因本案当事人没有申请司法确认，因此卷宗内没有司法确认有关材料。

　　本案当事人 2 人。

立卷人 顾某

封底

立卷人：顾某

审核人：钱某

立卷日期：2011 年 XX 月 XX 日

附录：人民调解相关法律及规范性文件

中华人民共和国人民调解法

（2010 年 8 月 28 日第十一届全国人民代表大会常务委员会第十六次会议通过）

第一章 总 则

第一条 为了完善人民调解制度，规范人民调解活动，及时解决民间纠纷，维护社会和谐稳定，根据宪法，制定本法。

第二条 本法所称人民调解，是指人民调解委员会通过说服、疏导等方法，促使当事人在平等协商基础上自愿达成调解协议，解决民间纠纷的活动。

第三条 人民调解委员会调解民间纠纷，应当遵循下列原则：

（一）在当事人自愿、平等的基础上进行调解；

（二）不违背法律、法规和国家政策；

（三）尊重当事人的权利，不得因调解而阻止当事人依法通过仲裁、行政、司法等途径维护自己的权利。

第四条 人民调解委员会调解民间纠纷，不收取任何费用。

第五条 国务院司法行政部门负责指导全国的人民调解工作，县级以上地方人民政府司法行政部门负责指导本行政区域的人民调解工作。

基层人民法院对人民调解委员会调解民间纠纷进行业务指导。

第六条 国家鼓励和支持人民调解工作。县级以上地方人民政府对人民调解工作所需经费应当给予必要的支持和保障，对有突出贡献的人民调解委员会和人民调解员按照国家规定给予表彰奖励。

第二章 人民调解委员会

第七条 人民调解委员会是依法设立的调解民间纠纷的群众性组

织。

第八条 村民委员会、居民委员会设立人民调解委员会。企业事业单位根据需要设立人民调解委员会。

人民调解委员会由委员三至九人组成，设主任一人，必要时，可以设副主任若干人。

人民调解委员会应当有妇女成员，多民族居住的地区应当有人数较少民族的成员。

第九条 村民委员会、居民委员会的人民调解委员会委员由村民会议或者村民代表会议、居民会议推选产生；企业事业单位设立的人民调解委员会委员由职工大会、职工代表大会或者工会组织推选产生。

人民调解委员会委员每届任期三年，可以连选连任。

第十条 县级人民政府司法行政部门应当对本行政区域内人民调解委员会的设立情况进行统计，并且将人民调解委员会以及人员组成和调整情况及时通报所在地基层人民法院。

第十一条 人民调解委员会应当建立健全各项调解工作制度，听取群众意见，接受群众监督。

第十二条 村民委员会、居民委员会和企业事业单位应当为人民调解委员会开展工作提供办公条件和必要的工作经费。

第三章　人民调解员

第十三条 人民调解员由人民调解委员会委员和人民调解委员会聘任的人员担任。

第十四条 人民调解员应当由公道正派、热心人民调解工作，并具有一定文化水平、政策水平和法律知识的成年公民担任。

县级人民政府司法行政部门应当定期对人民调解员进行业务培训。

第十五条 人民调解员在调解工作中有下列行为之一的，由其所在的人民调解委员会给予批评教育、责令改正，情节严重的，由推选或者聘任单位予以罢免或者解聘：

（一）偏袒一方当事人的；

（二）侮辱当事人的；

（三）索取、收受财物或者牟取其他不正当利益的；

（四）泄露当事人的个人隐私、商业秘密的。

第十六条　人民调解员从事调解工作，应当给予适当的误工补贴；因从事调解工作致伤致残，生活发生困难的，当地人民政府应当提供必要的医疗、生活救助；在人民调解工作岗位上牺牲的人民调解员，其配偶、子女按照国家规定享受抚恤和优待。

第四章　调解程序

第十七条　当事人可以向人民调解委员会申请调解；人民调解委员会也可以主动调解。当事人一方明确拒绝调解的，不得调解。

第十八条　基层人民法院、公安机关对适宜通过人民调解方式解决的纠纷，可以在受理前告知当事人向人民调解委员会申请调解。

第十九条　人民调解委员会根据调解纠纷的需要，可以指定一名或者数名人民调解员进行调解，也可以由当事人选择一名或者数名人民调解员进行调解。

第二十条　人民调解员根据调解纠纷的需要，在征得当事人的同意后，可以邀请当事人的亲属、邻里、同事等参与调解，也可以邀请具有专门知识、特定经验的人员或者有关社会组织的人员参与调解。

人民调解委员会支持当地公道正派、热心调解、群众认可的社会人士参与调解。

第二十一条　人民调解员调解民间纠纷，应当坚持原则，明法析理，主持公道。

调解民间纠纷，应当及时、就地进行，防止矛盾激化。

第二十二条　人民调解员根据纠纷的不同情况，可以采取多种方式调解民间纠纷，充分听取当事人的陈述，讲解有关法律、法规和国家政策，耐心疏导，在当事人平等协商、互谅互让的基础上提出纠纷解决方案，帮助当事人自愿达成调解协议。

第二十三条　当事人在人民调解活动中享有下列权利：

（一）选择或者接受人民调解员；

（二）接受调解、拒绝调解或者要求终止调解；

（三）要求调解公开进行或者不公开进行；

（四）自主表达意愿、自愿达成调解协议。

第二十四条 当事人在人民调解活动中履行下列义务：

（一）如实陈述纠纷事实；

（二）遵守调解现场秩序，尊重人民调解员；

（三）尊重对方当事人行使权利。

第二十五条 人民调解员在调解纠纷过程中，发现纠纷有可能激化的，应当采取有针对性的预防措施；对有可能引起治安案件、刑事案件的纠纷，应当及时向当地公安机关或者其他有关部门报告。

第二十六条 人民调解员调解纠纷，调解不成的，应当终止调解，并依据有关法律、法规的规定，告知当事人可以依法通过仲裁、行政、司法等途径维护自己的权利。

第二十七条 人民调解员应当记录调解情况。人民调解委员会应当建立调解工作档案，将调解登记、调解工作记录、调解协议书等材料立卷归档。

第五章 调解协议

第二十八条 经人民调解委员会调解达成调解协议的，可以制作调解协议书。当事人认为无需制作调解协议书的，可以采取口头协议方式，人民调解员应当记录协议内容。

第二十九条 调解协议书可以载明下列事项：

（一）当事人的基本情况；

（二）纠纷的主要事实、争议事项以及各方当事人的责任；

（三）当事人达成调解协议的内容，履行的方式、期限。

调解协议书自各方当事人签名、盖章或者按指印，人民调解员签名并加盖人民调解委员会印章之日起生效。调解协议书由当事人各执一份，人民调解委员会留存一份。

第三十条 口头调解协议自各方当事人达成协议之日起生效。

第三十一条 经人民调解委员会调解达成的调解协议，具有法律约束力，当事人应当按照约定履行。

人民调解委员会应当对调解协议的履行情况进行监督，督促当事人履行约定的义务。

第三十二条 经人民调解委员会调解达成调解协议后，当事人之间就调解协议的履行或者调解协议的内容发生争议的，一方当事人可以向人民法院提起诉讼。

第三十三条　经人民调解委员会调解达成调解协议后，双方当事人认为有必要的，可以自调解协议生效之日起三十日内共同向人民法院申请司法确认，人民法院应当及时对调解协议进行审查，依法确认调解协议的效力。

人民法院依法确认调解协议有效，一方当事人拒绝履行或者未全部履行的，对方当事人可以向人民法院申请强制执行。

人民法院依法确认调解协议无效的，当事人可以通过人民调解方式变更原调解协议或者达成新的调解协议，也可以向人民法院提起诉讼。

第六章　附　则

第三十四条　乡镇、街道以及社会团体或者其他组织根据需要可以参照本法有关规定设立人民调解委员会，调解民间纠纷。

第三十五条　本法自 2011 年 1 月 1 日起施行。

司法部关于贯彻实施
《中华人民共和国人民调解法》的意见

（2010 年 12 月 24 日）

为贯彻实施《中华人民共和国人民调解法》（以下简称人民调解法），现就有关问题提出以下意见：

一、深入学习宣传贯彻人民调解法

1. 充分认识贯彻实施人民调解法的重要意义。人民调解法是我国第一部专门规范人民调解工作的法律。人民调解法的颁布实施，对于完善人民调解制度、促进人民调解工作发展，对于深入推进三项重点工作、维护社会和谐稳定，对于进一步做好群众工作、密切党群干群关系，都具有十分重要的意义。各级司法行政机关要切实增强贯彻实施人民调解法的责任感、使命感，以贯彻实施人民调解法为契机，努力开创人民调解工作新局面。

2. 广泛深入地学习宣传人民调解法。各级司法行政机关、广大人民调解组织和人民调解员要深入学习人民调解法，掌握人民调解法的立法精神和各项规定，做到准确理解法律、自觉遵守法律、正确执行法律。要按照统一规划、分级负责、分期分批实施的原则，切实组织好人民调解法学习培训工作，为贯彻实施人民调解法奠定牢固基础。要面向社会、面向群众，广泛宣传人民调解法的重要意义和主要内容，宣传人民调解制度的特色和优势，为人民调解法的贯彻实施营造良好社会氛围。

3. 全面贯彻落实人民调解法的各项要求。人民调解法内容完备、要求明确，要在人民调解工作中全面贯彻、严格执行人民调解法，确保各项规定落到实处。要坚持人民调解的本质特征和工作原则，保证人民调解工作的正确方向。要加强人民调解组织和人民调解员队伍建设，为开展人民调解工作提供强有力的组织保障。要规范人民调解程序，不断提高人民调解工作的质量。要把握人民调解的基础性地位，充分发挥人民调解在化解矛盾纠纷中的优势和作用。要切实履行司法行政机关对人民调解工作的指导职责，有力推动人民调解工作的改革发展。

二、积极推进人民调解组织队伍建设

4. 建立健全人民调解委员会。依法全面建立村（居）人民调解委员会，实现村（居）人民调解委员会全覆盖。结合企业事业单位的特点和实际，鼓励和帮助企业事业单位建立人民调解委员会。加强乡镇（街道）人民调解委员会建设，充分发挥其化解疑难复杂矛盾纠纷的作用。积极与有关行业主管部门、社会团体和其他组织沟通协调，着重加强专业性、行业性人民调解委员会建设。

5. 健全完善人民调解组织网络。村（居）和企业事业单位人民调解委员会根据需要，可以在自然村、小区、楼院、车间等设立人民调解小组开展调解工作，也可以在机关、单位等场所设立人民调解工作室调解特定的民间纠纷。

6. 规范人民调解委员会名称。村（居）、企业事业单位、乡镇（街道）人民调解委员会名称由"所在村民委员会、居民委员会名称或者所在乡镇、街道行政区划名称或者所在企业事业单位名称"和"人民调解委员会"两部分内容依次组成。区域性、行业性、专业性人民调解委员会名称由"所在市、县或者乡镇、街道行政区划名称"、"特定区域名称或者行业、专业纠纷类型"和"人民调解委员会"三部分内容依次组成。

7. 提高人民调解员队伍素质。严格按照法定条件推选、聘任人民调解员。充分利用社会资源，吸收具有专业技能和专业知识的人员担任专兼职人民调解员。积极开展法律政策、职业道德和调解技巧的培训，不断提高人民调解员的政治素质和工作能力。

三、大力预防和化解社会矛盾纠纷

8. 全面做好人民调解工作。广泛开展经常性的矛盾纠纷排查，及时发现倾向性、苗头性问题，做到底数清、情况明。切实做好矛盾纠纷化解工作，依法及时、就地调解矛盾纠纷，做到案结事了，防止纠纷激化。认真做好矛盾纠纷预防工作，及时发现可能导致矛盾纠纷的潜在因素，尽早采取有针对性的防范措施。

9. 努力拓展人民调解工作领域。主动适应新时期社会矛盾纠纷发展变化的新趋势，在做好婚姻家庭、相邻关系、损害赔偿等常见性、多发性矛盾纠纷调解工作的同时，积极在征地拆迁、教育医疗、道路交通、劳动争议、物业管理、环境保护等领域开展人民调解工作，扩大人民调解覆盖面。

10. 着力化解重大复杂疑难民间纠纷。人民调解组织要着力化解本地区多年积累、长期未得到有效解决的矛盾纠纷，群众反映强烈、社会影响大的矛盾纠纷以及党委、政府交办的矛盾纠纷。要集中时间、集中力量，深入开展形式多样、主题鲜明的人民调解专项活动，推进人民调解工作不断深入。对于重大、复杂、疑难的矛盾纠纷，司法行政机关领导干部要加强督促指导，亲自参与调解，确保矛盾纠纷得到有效化解。

四、规范开展人民调解活动

11. 完善人民调解受理方式。当事人书面申请调解的，应当填写《人民调解申请书》；口头申请的，人民调解委员会应当填写《人民调解受理登记表》。对于排查中主动发现的、群众反映的或者有关部门移送的民间纠纷，人民调解委员会应当主动进行调解。对于不属于受理范围的纠纷，人民调解委员会应当告知当事人按照法律、法规的规定，可以请求有关部门处理或者向人民法院提起诉讼。

12. 依法开展调解活动。人民调解员调解纠纷，应当严格遵循人民调解工作的原则，主动告知当事人在调解活动中的权利义务，耐心听取当事人对纠纷事实的讲述，深入讲解法律政策和社会公德，帮助当事人认识其在纠纷中应当承担的责任和享有的权利，采取有针对性的措施防止纠纷激化。

13. 规范人民调解协议。经人民调解委员会调解达成调解协议的，可以制作《人民调解协议书》。调解协议有给付内容且非即时履行的，一般应当制作《人民调解协议书》。当事人认为无需制作调解协议书的，可以采取口头协议方式，由人民调解员填写《人民调解口头协议登记表》。

14. 督促当事人履行人民调解协议。人民调解委员会应当对人民调解协议的履行情况，适时进行回访，并填写《人民调解回访记录》。当事人无正当理由不履行人民调解协议的，应当督促其履行。发现人民调解协议内容不当的，在征得各方当事人同意后，可以再次进行调解达成新的调解协议。

五、建立健全人民调解委员会工作制度

15. 健全人民调解委员会工作制度。人民调解委员会要建立完善学习培训、社情民意分析、重大纠纷集体讨论、重大疑难纠纷报告及档案管理等制度，逐步形成有效预防和化解矛盾纠纷的人民调解工作制度体系。

16. 加强人民调解统计报送工作。要全面、及时地对人民调解工作情况进行登记和统计。人民调解员调解每一件纠纷，都应当填写《人民调解员调解案件登记单》。人民调解委员会应当按期填写《人民调解委员会调解案件汇总登记表》，及时向司法行政机关报送《人民调解组织队伍经费保障情况统计表》、《人民调解案件情况统计表》。

17. 规范人民调解卷宗。人民调解委员会调解纠纷，一般应当制作调解卷宗，做到一案一卷。调解卷宗主要包括《人民调解申请书》或者《人民调解受理登记表》、人民调解调查（调解、回访）记录、《人民调解协议书》或者《人民调解口头协议登记表》等。纠纷调解过程简单或者达成口头调解协议的，也可以多案一卷，定期集中组卷归档。

六、切实加强对人民调解工作的指导

18. 依法全面履行指导人民调解工作职责。各级司法行政机关特别是县级司法行政机关，要采取有力措施，推进人民调解组织建设、队伍建设、制度建设和保障能力建设，不断提高人民调解工作质量和水平，充分发挥人民调解在化解社会矛盾、维护社会稳定中的作用。

19. 大力开展人民调解队伍培训工作。省级、市级司法行政机关负责培训县级司法行政机关指导人民调解工作干部和司法所工作人员。县级司法行政机关组织开展本行政区域内的人民调解员培训工作，每年至少开展一次人民调解员任职培训，每三年完成一次人民调解员轮训。

20. 推动落实人民调解工作各项保障政策。各级司法行政机关应当加强与有关部门的沟通协调，解决好人民调解工作指导经费、人民调解委员会补助经费、人民调解员补贴经费；协调人民调解委员会设立单位为其提供必要的工作经费和办公条件；推动落实人民调解员的表彰奖励、困难救助、优待抚恤政策，充分调动广大人民调解员的积极性、主动性和创造性。

21. 进一步强化司法所指导人民调解工作的职能。司法所要切实履行对人民调解工作的日常指导职责，帮助有关单位和组织建立健全人民调解委员会，配齐配强人民调解员，健全完善人民调解工作制度；总结交流人民调解工作经验，指导人民调解委员会调解民间纠纷，纠正违法和不当的调解活动；维护人民调解员合法权益，协调解决人民调解委员会和人民调解员工作中的困难和问题，保障人民调解工作的顺利发展。

22. 充分发挥人民调解员协会的作用。司法行政机关要依法指导人民调解员协会开展工作，支持人民调解员协会充分履行组织会员学习、总结交流经验、开展理论研究、维护会员权益等职责，团结和带领广大人民调解员努力做好人民调解工作。

司法部关于加强行业性专业性人民调解委员会建设的意见

（2011 年 5 月 12 日　司发通〔2011〕93 号）

各省、自治区、直辖市司法厅（局），新疆生产建设兵团司法局、监狱局：

根据《中华人民共和国人民调解法》（以下简称人民调解法）第三十四条的规定，社会团体或者其他组织根据需要可以设立人民调解委员会，调解民间纠纷。为进一步加强行业性、专业性人民调解委员会建设，充分发挥人民调解化解矛盾纠纷、维护社会稳定的职能作用，提出如下意见。

一、充分认识加强行业性、专业性人民调解委员会建设的重要性

近年来，随着我国经济体制深刻变革、社会结构深刻变动、利益格局深刻调整、思想观念深刻变化，各种矛盾纠纷不断增加，呈现出复杂性、多样性、专业性和面广量大的特点，特别是行业性、专业性矛盾纠纷大量上升，已经成为影响社会和谐稳定的难点、热点问题。大力加强行业性、专业性人民调解委员会建设，及时有效地化解特定行业和专业领域出现的难点、热点矛盾纠纷，对于加强和创新社会管理，维护社会和谐稳定，具有重要意义。各级司法行政机关要切实增强责任感、使命感，以贯彻实施人民调解法为契机，大力加强行业性、专业性人民调解委员会建设，完善人民调解制度，为深化三项重点工作，加强和创新社会管理，维护社会和谐稳定，促进经济平稳较快发展作出积极贡献。

二、社会团体或者其他组织设立行业性、专业性人民调解委员会的基本要求

加强行业性、专业性人民调解委员会建设，必须严格遵守人民调解法的各项规定，坚持人民调解的特点和基本属性；必须坚持在当事人自愿、平等的基础上进行调解，不违背法律、法规和国家政策，尊重当事人的权利；必须坚持围绕中心、服务大局，围绕党委、政府和广大群众关注的难点、热点问题开展工作；必须体现行业性、专业性人民调解委员会的特点，针对特定行业和专业领域的矛盾纠纷，运用专业知识，有

针对性地开展矛盾纠纷预防化解工作，实现提前预防、及时化解、定分止争、案结事了；必须坚持司法行政机关的指导，确保行业性、专业性人民调解委员会的各项工作健康、规范、有序开展。行业性、专业性人民调解委员会由社会团体或者其他组织设立，由所在地的县级司法行政机关负责履行统计、培训等指导职责。

三、积极推动行业性、专业性人民调解委员会建设

司法行政机关要切实加强与有关行业管理部门、社会团体和组织联系和沟通，相互支持，相互配合，共同指导和推动行业性、专业性人民调解委员会的建立。社会团体或者其他组织可以结合相关行业和专业特点，在县级司法行政机关的指导下，设立行业性、专业性人民调解委员会，并将人民调解委员会以及人员组成及时报送所在地县级司法行政机关。行业性、专业性人民调解委员会要以方便调解为目的设立办公地点，名称由"所在市、县或者乡镇、街道行政区划名称"、"行业、专业纠纷类型"和"人民调解委员会"三部分内容依次组成。人民调解委员会在特定场所设立人民调解工作室调解特定民间纠纷的，名称由"人民调解委员会名称"、"派驻单位名称"和"人民调解工作室"三部分内容依次组成。要在固定的调解场所内悬挂统一的人民调解工作标识，公开人民调解制度及调委会组成人员，便于当事人选择调解员调解纠纷。

四、加强专业化、社会化人民调解员队伍建设

司法行政机关要加强对人民调解员推选、聘任的指导，吸收具有较强专业知识、较高政策水平、热心调解事业的人员，从事行业性、专业性矛盾纠纷调解工作，每个行业性、专业性人民调解委员会专门从事人民调解工作的人民调解员原则上不应少于三名。要充分发挥退休法官、检察官、警官、律师、公证员等法律工作者以及相关领域专家、学者的专业优势，参与调解行业性、专业性矛盾纠纷，形成年龄知识结构合理、优势互补、专兼职相结合人民调解员队伍，实现人民调解员队伍专业化、社会化。要加强对人民调解员专业知识、法律政策知识和调解技能等培训，会同相关部门制定培训计划，坚持统一规划、分级负责、分期分批实施，共同组织好培训，不断提高人民调解员队伍整体素质，努力培养和造就一支适应化解行业性、专业性矛盾纠纷需要的高素质人民调解员

队伍。

五、健全完善行业性、专业性人民调解委员会保障机制

各级司法行政机关应当会同相关部门按照人民调解法的规定和财政部、司法部《关于进一步加强人民调解工作经费保障的意见》（财行〔2007〕179 号）的要求，积极争取党委、政府和有关部门的重视和支持，把行业性、专业性人民调解委员会工作经费纳入政府保障，全面落实人民调解工作指导经费、人民调解委员会补助经费、人民调解员补贴经费。设立行业性、专业性人民调解委员会的社会团体或者其他组织，应当为其开展工作提供办公条件和必要的工作经费。要积极争取各级党委、政府和有关部门出台地方性法规、规章和政策，为行业性、专业性人民调解委员会开展工作提供法律或者政策保障。

六、加强行业性、专业性人民调解委员会业务建设

要根据矛盾纠纷的性质、难易程度和当事人的具体情况，充分发挥行业性、专业性人民调解委员会的职能优势，有针对性地开展调解工作。要采取说服、教育、疏导等多种方式调解纠纷，促使纠纷当事人消除隔阂，在平等协商、互谅互让的基础上达成调解协议。达成调解协议的，可以制作人民调解协议书，也可以采取口头协议方式，由人民调解委员会督促当事人履行协议；调解不成的，人民调解委员会应当及时终止调解，并引导当事人通过合法渠道解决。要建立健全学习、例会、疑难复杂纠纷讨论、考评、统计、档案管理和信息报送等制度。要按照统一的文书格式，规范卷宗档案格式，制作调解卷宗，做到一案一卷。要按照统一的统计口径，对人民调解工作情况进行登记和统计，及时向司法行政机关报送《人民调解组织队伍经费保障情况统计表》、《人民调解案件情况统计表》。

七、加强对行业性、专业性人民调解委员会建设的指导

各级司法行政机关要依法履行职责，切实加强对行业性、专业性人民调解委员会的指导。要积极争取党委、政府的重视和领导，将这项工作纳入党委、政府的工作大局。要切实加强与相关行业管理部门的协调配合，形成分工合理、相互配合、协调有序的工作机制，共同推动行业性、专业性人民调解委员建设工作的开展。要把行业性、专业性人民调解委员会和人民调解员纳入司法行政机关的统计范围和培训计划，大力加强组织建设、队伍建设、业务建设和法制化规范化建设，努力提高人民调解工作的质量和水平。要加强调查研究，认真总结分析行业性、专业性人民调解委员会的组织特点、人员构成、工作模式和运行机制，分析不足，及时改进。要广泛宣传人民调解化解行业性、专业性矛盾纠纷的经验、做法和成效，大力表彰工作中有突出贡献的先进集体和先进个人，提高人民调解公信力，形成推进人民调解工作深入发展的良好社会环境。

最高人民法院关于
人民法院民事调解工作若干问题的规定

（2004 年 9 月 16 日　法释〔2004〕12 号）

为了保证人民法院正确调解民事案件，及时解决纠纷，保障和方便当事人依法行使诉讼权利，节约司法资源，根据《中华人民共和国民事诉讼法》等法律的规定，结合人民法院调解工作的经验和实际情况，制定本规定。

第一条　人民法院对受理的第一审、第二审和再审民事案件，可以在答辩期满后裁判作出前进行调解。在征得当事人各方同意后，人民法院可以在答辩期满前进行调解。

第二条　对于有可能通过调解解决的民事案件，人民法院应当调解。但适用特别程序、督促程序、公示催告程序、破产还债程序的案件，婚姻关系、身份关系确认案件以及其他依案件性质不能进行调解的民事案件，人民法院不予调解。

第三条　根据民事诉讼法第八十七条的规定，人民法院可以邀请与当事人有特定关系或者与案件有一定联系的企业事业单位、社会团体或者其他组织，和具有专门知识、特定社会经验、与当事人有特定关系并有利于促成调解的个人协助调解工作。

经各方当事人同意，人民法院可以委托前款规定的单位或者个人对案件进行调解，达成调解协议后，人民法院应当依法予以确认

第四条　当事人在诉讼过程中自行达成和解协议的，人民法院可以根据当事人的申请依法确认和解协议制作调解书。双方当事人申请庭外和解的期间，不计入审限。

当事人在和解过程中申请人民法院对和解活动进行协调的，人民法院可以委派审判辅助人员或者邀请、委托有关单位和个人从事协调活动。

第五条　人民法院应当在调解前告知当事人主持调解人员和书记员姓名以及是否申请回避等有关诉讼权利和诉讼义务。

第六条　在答辩期满前人民法院对案件进行调解，适用普通程序的

案件在当事人同意调解之日起 15 天内，适用简易程序的案件在当事人同意调解之日起 7 天内未达成调解协议的，经各方当事人同意，可以继续调解。延长的调解期间不计入审限。

第七条　当事人申请不公开进行调解的，人民法院应当准许。

调解时当事人各方应当同时在场，根据需要也可以对当事人分别作调解工作。

第八条　当事人可以自行提出调解方案，主持调解的人员也可以提出调解方案供当事人协商时参考。

第九条　调解协议内容超出诉讼请求的，人民法院可以准许。

第十条　人民法院对于调解协议约定一方不履行协议应当承担民事责任的，应予准许。

调解协议约定一方不履行协议，另一方可以请求人民法院对案件作出裁判的条款，人民法院不予准许。

第十一条　调解协议约定一方提供担保或者案外人同意为当事人提供担保的，人民法院应当准许。

案外人提供担保的，人民法院制作调解书应当列明担保人，并将调解书送交担保人。担保人不签收调解书的，不影响调解书生效。

当事人或者案外人提供的担保符合担保法规定的条件时生效。

第十二条　调解协议具有下列情形之一的，人民法院不予确认：

（一）侵害国家利益、社会公共利益的；

（二）侵害案外人利益的；

（三）违背当事人真实意思的；

（四）违反法律、行政法规禁止性规定的。

第十三条　根据民事诉讼法第九十条第一款第（四）项规定，当事人各方同意在调解协议上签名或者盖章后生效，经人民法院审查确认后，应当记入笔录或者将协议附卷，并由当事人、审判人员、书记员签名或者盖章后即具有法律效力。当事人请求制作调解书的，人民法院应当制作调解书送交当事人。当事人拒收调解书的，不影响调解协议的效力。一方不履行调解协议的，另一方可以持调解书向人民法院申请执行。

第十四条　当事人不能对诉讼费用如何承担达成协议的，不影响调解协议的效力。人民法院可以直接决定当事人承担诉讼费用的比例，并将决定记入调解书。

　　第十五条　对调解书的内容既不享有权利又不承担义务的当事人不签收调解书的，不影响调解书的效力。

　　第十六条　当事人以民事调解书与调解协议的原意不一致为由提出异议，人民法院审查后认为异议成立的，应当根据调解协议裁定补正民事调解书的相关内容。

　　第十七条　当事人就部分诉讼请求达成调解协议的，人民法院可以就此先行确认并制作调解书。

　　当事人就主要诉讼请求达成调解协议，请求人民法院对未达成协议的诉讼请求提出处理意见并表示接受该处理结果的，人民法院的处理意见是调解协议的一部分内容，制作调解书的记入调解书。

　　第十八条　当事人自行和解或者经调解达成协议后，请求人民法院按照和解协议或者调解协议的内容制作判决书的，人民法院不予支持。

　　第十九条　调解书确定的担保条款条件或者承担民事责任的条件成就时，当事人申请执行的，人民法院应当依法执行。

　　不履行调解协议的当事人按照前款规定承担了调解书确定的民事责任后，对方当事人又要求其承担民事诉讼法第二百二十九条规定的迟延履行责任的，人民法院不予支持。

　　第二十条　调解书约定给付特定标的物的，调解协议达成前该物上已经存在的第三人的物权和优先权不受影响。第三人在执行过程中对执行标的物提出异议的，应当按照民事诉讼法第二百零四规定处理。

　　第二十一条　人民法院对刑事附带民事诉讼案件进行调解，依照本规定执行。

　　第二十二条　本规定实施前人民法院已经受理的案件，在本规定施行后尚未审结的，依照本规定执行。

　　第二十三条　本规定实施前最高人民法院的有关司法解释与本规定不一致的，适用本规定。

　　第二十四条　本规定自 2004 年 11 月 1 日起实施。

最高人民法院关于
人民调解协议司法确认程序的若干规定

(2011 年 3 月 23 日   法释〔2011〕5 号)

为了规范经人民调解委员会调解达成的民事调解协议的司法确认程序，进一步建立健全诉讼与非诉讼相衔接的矛盾纠纷解决机制，依照《中华人民共和国民事诉讼法》和《中华人民共和国人民调解法》的规定，结合审判实际，制定本规定。

第一条 当事人根据《中华人民共和国人民调解法》第三十三条的规定共同向人民法院申请确认调解协议的，人民法院应当依法受理。

第二条 当事人申请确认调解协议的，由主持调解的人民调解委员会所在地基层人民法院或者它派出的法庭管辖。

人民法院在立案前委派人民调解委员会调解并达成调解协议，当事人申请司法确认的，由委派的人民法院管辖。

第三条 当事人申请确认调解协议，应当向人民法院提交司法确认申请书、调解协议和身份证明、资格证明，以及与调解协议相关的财产权利证明等证明材料，并提供双方当事人的送达地址、电话号码等联系方式。委托他人代为申请的，必须向人民法院提交由委托人签名或者盖章的授权委托书。

第四条 人民法院收到当事人司法确认申请，应当在三日内决定是否受理。人民法院决定受理的，应当编立"调确字"案号，并及时向当事人送达受理通知书。双方当事人同时到法院申请司法确认的，人民法院可以当即受理并作出是否确认的决定。

有下列情形之一的，人民法院不予受理：

（一）不属于人民法院受理民事案件的范围或者不属于接受申请的人民法院管辖的；

（二）确认身份关系的；

（三）确认收养关系的；

（四）确认婚姻关系的。

第五条　人民法院应当自受理司法确认申请之日起十五日内作出是否确认的决定。因特殊情况需要延长的，经本院院长批准，可以延长十日。

在人民法院作出是否确认的决定前，一方或者双方当事人撤回司法确认申请的，人民法院应当准许。

第六条　人民法院受理司法确认申请后，应当指定一名审判人员对调解协议进行审查。人民法院在必要时可以通知双方当事人同时到场，当面询问当事人。当事人应当向人民法院如实陈述申请确认的调解协议的有关情况，保证提交的证明材料真实、合法。人民法院在审查中，认为当事人的陈述或者提供的证明材料不充分、不完备或者有疑义的，可以要求当事人补充陈述或者补充证明材料。当事人无正当理由未按时补充或者拒不接受询问的，可以按撤回司法确认申请处理。

第七条　具有下列情形之一的，人民法院不予确认调解协议效力：

（一）违反法律、行政法规强制性规定的；

（二）侵害国家利益、社会公共利益的；

（三）侵害案外人合法权益的；

（四）损害社会公序良俗的；

（五）内容不明确，无法确认的；

（六）其他不能进行司法确认的情形。

第八条　人民法院经审查认为调解协议符合确认条件的，应当作出确认决定书；决定不予确认调解协议效力的，应当作出不予确认决定书。

第九条　人民法院依法作出确认决定后，一方当事人拒绝履行或者未全部履行的，对方当事人可以向作出确认决定的人民法院申请强制执行。

第十条　案外人认为经人民法院确认的调解协议侵害其合法权益的，可以自知道或者应当知道权益被侵害之日起一年内，向作出确认决定的人民法院申请撤销确认决定。

第十一条　人民法院办理人民调解协议司法确认案件，不收取费用。

第十二条　人民法院可以将调解协议不予确认的情况定期或者不定期通报同级司法行政机关和相关人民调解委员会。

第十三条　经人民法院建立的调解员名册中的调解员调解达成协议

后，当事人申请司法确认的，参照本规定办理。人民法院立案后委托他人调解达成的协议的司法确认，按照《最高人民法院关于人民法院民事调解工作若干问题的规定》（法释〔2004〕12号）的有关规定办理。